河北省社会科学基金项目（HB23LJ005）

数字经济发展与中国进口高质量问题研究

高振娟　著

中国财经出版传媒集团
中国财政经济出版社
·北京·

图书在版编目（CIP）数据

数字经济发展与中国进口高质量问题研究 / 高振娟著. -- 北京 : 中国财政经济出版社, 2025. 1. -- ISBN 978-7-5223-3609-1

Ⅰ. F752.61

中国国家版本馆CIP数据核字第2025PZ6063号

责任编辑：苏小珺　　　　责任校对：胡永立

封面设计：兰卡绘世　　　　责任印制：党　辉

数字经济发展与中国进口高质量问题研究

SHUZI JINGJI FAZHAN YU ZHONGGUO JINKOU GAOZHILIANG WENTI YANJIU

中国财政经济出版社 出版

URL：http：//www.cfeph.cn

E－mail：cfeph@cfeph.cn

社址：北京市海淀区阜成路甲28号　邮政编码：100142

营销中心电话：010－88191522

天猫网店：中国财政经济出版社旗舰店

网址：https：//zgczjjcbs.tmall.com

涿州汇美亿浓印刷有限公司印刷　各地新华书店经销

成品尺寸：170mm×240mm　16开　11.5印张　160 000字

2025年1月第1版　2025年1月河北第1次印刷

定价：68.00元

ISBN 978－7－5223－3609－1

（图书出现印装问题，本社负责调换，电话：010－88190548）

本社质量投诉电话：010－88190744

打击盗版举报热线：010－88191661　QQ：2242791300

前　言

国际贸易作为世界经济增长的重要驱动力，不仅助力各国经济持续发展，而且也为其参与国际分工，融入全球贸易体系提供纽带。改革开放以来，中国紧握全球化脉络、新兴技术革命趋势和产业变革发展机遇，实现了高速增长，并与世界经济深度融合。目前，中国正值贸易大国转向贸易强国的重要时期，应当充分利用数字经济变革的时代红利，积极发挥进口作用，推动进口贸易朝向高质量发展。这不仅有助于实现生产要素的全球优化配置，实现供给端的质量升级，而且能够满足消费者需求端的品质提升，为世界发展贡献中国大市场优势，形成全球要素合作的国际专业化局面，实现中国向贸易强国的迈进。中国进口贸易规模更是从 1978 年的 108.9 亿美元增长至 2023 年的 25568.02 亿美元，占全球进口贸易总额比重达 10.79%，同时，中国自 2009 年超越德国成为全球第二大进口贸易国，已连续 15 年保持这一地位。早在 2012 年，我国就出台了相关支持扩大进口的政策文件，积极主动扩大进口战略已然成为构建双循环新发展格局和更高水平对外开放的重要战略之一。但一直以来，国际贸易研究重心更多地放在出口贸易而低估甚至忽视进口贸易在技术进步和经济发展中的作用。随着我国从“进口服务出口”“进出口双向促进”“重视扩大进口”到“积极主动扩大进口”的战略转变，显然已将进口摆在了前所未有的重要位置。可见，进口高质量发展是中国改革开放与经济发展进入新阶段的必然选择。党的二十大报告强调“坚持以推动高质量发展为主题”“提升国际循环质量和水平”。中国进口高质量发展不仅符合构建新发展格局，增强进口在我国经济发展中的重要作用，而且与外贸高质量发展关注“优出优进”的理念相契合，更是构建双向贸易生态平衡的更高水平对外开放型经济的重要内容及其实现的必由之路。

新一轮科技革命和产业变革催生数字经济蓬勃发展，不仅成为提升国际循环质量和水平的关键抓手，更为中国进口高质量发展提供内生驱动力。据中国信通院统计，2023 年我国数字经济规模达 56.1 万亿元，占 GDP 比重超 44%，发挥着越来越重要的作用。一方面，数字经济通过内生特征驱动中国进口高质量发展。另一方面，数字经济通过供给端和需求端双重渠道内生驱动中国进口高质量发展。据海关总署统计，2023 年我国数字贸易进口 38897.7 亿元，增长 24.4%，跨境电商进口 5483 亿元，增长 3.9%，进口贸易新动力显现。可见，数字经济内生驱动中国进口高质量发展大有可为。随着数字经济高效释能，通过与实体经济的持续深度融合，新的消费业态与应用场景不断涌现，从需求端到供给端技术特征与行为方式的重大变革，有效激发中国进口贸易高质量发展潜力，为中国进口高质量发展提供强劲内生动力。因此，深入探究数字经济内生驱动中国进口高质量发展的理论机制、影响效应与实现路径显得尤为重要。这不仅有助于实现我国双向贸易生态平衡、补充消费供给，加强数字领域国际合作，更为深度融入全球要素分工体系，提升跨境资源配置效率，以及形成要素合作国际专业化良性局面提供理论与现实参考。

首先，本书将数字经济与进口高质量发展置于统一研究框架，在梳理国际贸易理论及数字经济影响效应的相关国内外研究现状基础上，进一步构建中国不同层面数字经济发展和进口高质量表征指标体系，并对其进行统计测度和动态演变分析。其次，本书以促进中国进口高质量发展为目的，研究分析数字经济驱动中国进口高质量发展的理论机制与影响效应。研究将从宏观和微观两个层面展开：宏观层面，以中国省域视角分析数字经济驱动进口高质量发展的机理及影响效应；微观层面，以中国企业视角分析数字经济驱动进口高质量发展的机理及影响效应，全面系统地探究数字经济影响中国进口高质量发展的理论机制和效应的具体作用。最后，根据不同层面的研究结论，提出数字经济有效赋能中国进口高质量发展的现实路径，以期中国进口贸易把握数字经济发展机遇，以数字经济为依托，推进中国进口高质量发展。通过充分发挥扩大进口的积极作用，实现国内国外两个市场的有效联通、要素资源高效配置。这不仅有助于推动实现中国更高水平对外开放，融入全球要素分工体系，更有助于中国发挥大市场优势，向世界提供共享市场机遇。同时，这也将助力推动构建开放型世界经济，让合作共赢的成果惠及世界。

本书的撰写得到多位专家学者的支持与指导，在此表示诚挚的感谢！王盼、刘璐同学对书中部分数据资料进行搜集整理。本书出版受到河北省社会科学基金项目“数字经济赋能河北对外贸易高质量发展研究”（HB23LJ005）资助。受能力所限，书中难免存在不足之处，敬请广大读者批评指正，以便作者在后续的研究中改进与完善。

作者

2024 年 10 月

目　　录

第一篇　总　论

第二篇　理论基础与事实特征

第四篇 数字经济赋能进口高质量发展的路径与政策研究

第一篇

总　　论

第一章　绪　论

第一节　研究背景和研究意义

一、研究背景

改革开放以来，中国依托外向型发展战略，积极参与国际贸易和全球分工，实现了经济的快速增长和结构的优化升级。在全球化的大背景下，充分利用自身的比较优势，大力发展出口导向型产业，推动了国内外经济的互联互通。出口贸易不仅为我国带来了大量的外汇收入，还促进了技术进步和产业升级，实现了贸易结构优化和产品附加值的提升，增强了国际竞争力。中国不仅在世界经济与国际贸易中占据重要位置，也为全球经济增长作出了显著贡献。在此过程中，我国进口贸易发展遵循从“进口服务出口”“进出口双向促进”“重视扩大进口”到新发展格局下“积极主动扩大进口”。可见，现阶段显然已将进口摆在了前所未有的重要位置。中国进口贸易规模更是从 1978 年的 108.9 亿美元增长至 2023 年的 25568.02 亿美元，占全球进口贸易总额比重达 10.79%，同时，中国自 2009 年超越德国成为全球第二大进口贸易国，已连续 15 年保持这一地位。早在 2012 年，我国就出台了相关支持扩大进口的政策文件，积极主动扩大进口战略已然成为构建双循环新发展格局和更高水平对外开放的重要战略之一。

进口高质量发展是中国改革开放与经济发展进入新时代、新阶段的必然选择，也是应对百年未有之大变局的战略之策。党的二十大报告中强调

"坚持以推动高质量发展为主题""提升国际循环质量和水平"。在"以国内大循环为主体、国内国际双循环相互促进"的新发展格局下，进口高质量发展是中国外贸高质量发展的重要环节，它关注于"优出优进"，更是构建双向平衡的更高水平对外开放型经济的重要内容和必由之路。近年来，我国不断增强进口贸易促进创新示范区的建设，旨在促进创新进口模式，提高进口便利化水平，降低进口的制度性成本，激发进口潜力，提高进口质量。随着新一轮科技革命和产业变革催生数字经济蓬勃发展，为进口高质量发展提供新动能。据初步核算，2023 年我国数字经济规模达 56.1 万亿元，占 GDP 比重超 44%。[①]《"十四五"数字经济发展规划》指出，数字经济正成为重组全球要素资源、重塑全球经济结构、改变全球竞争格局的关键力量。传统以要素驱动的经济发展模式难以满足新发展格局下进口战略发展要求，而数字技术向国民经济的持续渗透和不断融合，为进口数量和质量双提升提供了重要驱动力。在供给端，数字经济能够带来全要素生产率提升、优化资源配置和产业升级，实现生产要素"换血"；在需求端，数字经济所具备的普惠性、互联互通性、集成性和开放性，带来消费的"量"和消费的"质"双提升。据海关总署统计，2023 年我国数字贸易进口 38897.7 亿元，增长 24.4%，跨境电商进口 5483 亿元，增长 3.9%。[②] 可见，数字经济为进口高质量发展提供新的突破口。因此，在新发展格局背景下，深入探究数字经济如何有效赋能进口高质量发展的作用机制与实现路径，不仅有助于实现贸易平衡、补充消费供给，更为我国深度融入全球要素分工体系及构建人类命运共同体提供理论与现实参考。

本书在综合相关文献对数字经济驱动进口贸易作用分析的理论基础上，根据比较优势向竞争优势转化的规律，从数字经济与进口高质量发展的概念内涵及特征事实出发，在全面理论分析基础上，采用规范分析、比较分析、实证分析以及案例分析等方法，分别从宏观层面、中观层面和微

---

① 数据来源：数字中国建设峰会官方网站发布的《加快数字业务发展 释放数字生产力》。

② 数据来源：海关总署借助互联网，去年 1.83 万亿元产品由我国销往世界各地——跨境电商出口增长 19.6%（经济新方位）(customs. gov. cn)。

观层面对数字经济驱动进口高质量发展的影响效应进行验证分析，力图全面系统深入地揭示数字经济对进口高质量发展的影响效应。现阶段，中国已迈入高质量发展历程，更是建设贸易强国的重要时期，充分利用和发挥数字经济效能，为进口贸易发展注入新的补给，对于实现中国从贸易大国向贸易强国的转变尤为关键。为了更积极地发挥进口的作用，制定有针对性的贸易生态平衡发展战略和政策至关重要。

二、研究意义

数字经济蓬勃发展，已成为各国重点关注和发展的领域，并为经济增长贡献了力量。当前，中国持续保持世界第一大货物贸易国的地位，成为当之无愧的贸易大国。但建设贸易强国的困难和阻力剧增，由大转强仍路漫漫。同时，我国对外贸易发展仍面临较多问题，尤其是如何更好地发挥进口贸易的作用，仍应高度重视。因此，本书研究数字经济发展与中国进口高质量发展问题，利用省级层面宏观数据、城市层面中观数据和企业层面微观数据，分析数字经济驱动进口高质量发展的影响效应和作用驱动，进而为如何利用数字经济，发挥数字经济效能推动进口高质量发展，实现建设贸易强国和推进贸易生态平衡提供相应的借鉴。同时，对于理解和实现数字经济与实体经济的深度融合，以及如何充分发挥进口在推动高质量发展中的作用，具有重要的理论意义和现实意义。

（一）理论意义

本书针对数字时代中国进口高质量发展问题进行系统理论研究，既是构建双循环新发展格局的题中应有之义，也是对中国主动扩大进口战略，特别是进口高质量发展的一种具体学理阐释，有助于系统学习和精准理解习近平总书记关于积极扩大进口思想的重大战略意义。一方面，长期以来，出口贸易一直处于被高度重视和关注的状态，不管是对外贸易政策还是学术研究，更多地偏向于出口贸易，对于进口贸易的关注较少。近年来，随着积极主动扩大进口战略的提出，已有学者开始关注进口在对外贸易、经济增长中的作用。但已有研究多是单一视角对进口的作用进行分析，缺乏数字经济这一重要的时代发展趋势。因此，本书通过对数字经济时代下进口高质量发展问题进行系统理论分析，全面阐释进口高质量发展与新发展格局、更高水平对外开放的互动关系，并充分展示了进口高质量发展的积极作用，为学理解释提供了坚实的理论基础。另一方面，有助于扩展数字经济的研究视域，丰富对外贸易领域的数字经济发展理论。本书基于国际贸易理论，借鉴相关研究理论基础，构建中国数字经济发展的理论框架和进口高质量发展指标体系，在此基础上测度中国进口高质量发展水平指数，综合分析与评价中国进口高质量发展状况，提出不同层面的数字经济影响进口高质量发展的理论分析，为中国参与国际竞争，推进贸易强国以及构建双循环新发展格局提供支撑，同时，也丰富了数字经济发展在国际贸易领域应用的理论基础。

此外，本书有助于深化和完善数字经济驱动进口高质量发展的影响机理，丰富和延伸该研究领域的相关理论。本书分别介绍了在省级层面和企业层面，数字经济影响进口高质量发展的理论机制与作用渠道，深刻揭示两者之间良性互动的反馈机制，并依托于不同层面的样本数据，采用双向固定效应回归、中介效应、门槛效应等计量检验以及空间计量模型等，探究数字经济影响进口高质量发展的影响效应、路径以及互动关系，丰富和完善了数字经济影响对外贸易尤其是进口高质量发展的相关理论。

（二）现实意义

（1）有助于全面理解和发挥进口作用，推进中国对外贸易朝向高质量发展。本书通过阐释进口高质量发展的重要性、必要性和紧迫性，并论述进口高质量发展与积极主动扩大进口战略、更高水平对外开放和构建新发展格局的内在逻辑关系，考察数字经济内生驱动进口高质量发展的理论机制和影响效应，落脚点在于探索中国外贸“优出优进”高质量发展路径。

（2）有助于深刻认识不同层面的数字经济发展与进口高质量的时序特征和演变规律，为我国数字经济发展和对外贸易政策的完善和制定提供依据。依据不同地区、企业和行业的发展状况和现实需求，制定与之相适应的差异化政策，为我国各级政府科学决策提供支撑，为我国各地区、企业、行业的进口高质量发展提供指引。

第二节 研究思路与研究方法

一、研究思路与内容

本书紧紧围绕“数字经济发展与中国进口高质量问题研究”这一主题，根据已有研究并结合本书研究目的概括地界定了数字经济与进口高质量的概念内涵，阐释了数字经济发展相关理论和国际贸易相关理论。在此基础上，深入探讨了数字经济如何驱动进口高质量发展的影响机理。依托于中国省级层面和城市层面视角，分析数字经济与中国进口高质量发展的时序变化特征。继而分别从省级宏观层面和企业微观层面全面系统地验证数字经济发展如何有效赋能中国进口高质量发展的？其作用机制为何？如果有影响，是否存在行业异质性、地区异质性和时间段异质性？等等。

鉴于以上问题，本书首先探究数字经济与进口高质量发展的内涵特征，并通过相关指标数据测度对其进行分析；其次，基于不同视角，分别从理论分析和实证分析两个方面分析数字经济发展对进口高质量发展的影响效应及探究其作用驱动；最后，通过对以上研究结论的总结概述，为中国数字经济发展与进口高质量融合发展提供切实可行的政策建议，对更好地发挥进口的作用，实现中国对外贸易“优进优出”生态平衡和推进贸易强国建设有着重要的意义。

结合前述研究思路，本书共设计四篇内容，分为八章进行探讨，具体如下：

第一篇：总论。即第一章绪论。本章首先阐述本书的研究背景和意义，百年变局愈演愈烈，国家间摩擦与冲突不断，对外贸易发展尤其出口贸易困境重重，如何更好地发挥进口作用成为关键。积极扩大进口战略不仅优化了全球要素资源流通配置，为充分发挥中国大国担当，构建人类命运共同体贡献力量，而且也是实现中国贸易生态平衡、融入全球分工市场的重要举措。在数字经济迅速发展的推动下，如何更好地利用数字技术赋能中国进口贸易高质量发展，更大程度地发挥进口作用，推进中国进口高质量发展，充分发挥积极扩大进口作用，实现国内国际两个市场的有效联通、要素资源高效配置，有助于实现中国更高水平对外开放，融入全球要素分工体系，发挥中国超大规模市场优势，向世界提供共享市场具有重要意义。其次，基于研究思路重点阐释了本书的研究内容、章节安排及逻辑框架。最后，提出本书的创新之处。

第二篇：理论基础与事实特征。这一篇包含第二章、第三章、第四章和第五章。第二章为新时代下进口高质量发展的战略选择。本章主要阐述进口高质量发展与贸易强国、新发展格局与更高水平对外开放的内在逻辑，厘清新发展格局下中国进口高质量发展的战略内涵。第三章为数字经济赋能进口高质量发展的理论分析。本章在梳理国际贸易理论中进口作用的理论分析的基础上，重点分析数字经济如何驱动进口高质量发展，其理论机制是什么。第四章为数字经济发展典型事实与特征。这一章主要介绍中国数字经济发展的现实情况，并以具体的数据进行详细对比分析。第五章为中国进口高质量发展典型事实与特征。在现有研究进口贸易相关文献基础上，构建中国进口高质量指标体系，并进行动态演变分析，以窥见中国进口高质量发展初貌，并进一步对国家进口贸易促进创新示范区进行分析，以充分了解我国积极扩大进口战略以发挥进口作用的重要举措。

第三篇：数字经济赋能进口高质量发展的影响效应。这一篇包含第六章和第七章。第六章为数字经济对进口高质量发展的影响效应研究：宏观视角。本章主要以省级面板数据为样本，通过实证分析验证数字经济对中国进口高质量发展的影响效应及其作用机制。第七章为数字经济对企业进口行为的影响效应研究：微观视角。本章主要以企业面板数据为样本，通过实证分析验证数字经济对进口高质量发展的影响效应及其作用机制。通过构建“宏观—微观”研究体系，全面系统分析数字经济如何有效赋能中国进口高质量发展。

第四篇：数字经济赋能进口高质量发展的路径与政策研究。这一篇包含第八章，即数字经济赋能进口高质量发展的路径与政策启示，本章主要介绍不同地区、企业以数字经济赋能进口高质量发展的现实路径与启示，以期为实现我国进口高质量发展建言献策，推进贸易强国建设。

二、研究方法

一是文献归纳分析法。本书首先使用归纳分析法系统梳理了相关经典文献。在此基础上，系统而全面地归纳有关数字经济、进口高质量概念内涵、测度方法以及相关关系的研究，提炼有助于本书开展研究的思路及方法。通过对前人相关研究的归纳与整理，厘清现有研究的大致框架和脉络，为本书研究开辟了新的研究视域。

二是统计与比较结合分析法。对于统计与比较相结合的方法的使用，散见于全书的各章节之中，这也是本书使用的基础性研究方法之一。最为明显之处体现在书中对数字经济发展的概括和对中国省级层面进口高质量发展水平的测算及其动态演变分析，总结数字经济有效驱动进口高质量发展的事实表现，也为后续理论分析与实证分析奠定基础。

三是规范与实证结合分析法。规范分析与实证分析是经济学基本的研究方法，规范分析是根据公认的和传统的价值标准，对经济运行应该具有的规律和应该实现的结果进行主观价值的阐释和说明，旨在探讨“应该是什么”的问题，具有主观判断性。而实证分析则是对经济运行的实际表现进行描述和解释，说明经济现象“是什么”的问题。规范分析与实证分析是相互联系的。本书试图结合规范分析与实证分析：在第三篇的三个章节中，主要采用实证分析来探讨数字经济对进口高质量发展的促进作用；而对规范分析的采用，不仅在数字经济、进口高质量的概念特征以及其理论分析部分，更是将其贯穿全书。

第三节 创新之处

本书的创新之处在于：第一，研究视角创新。数字经济的相关研究主要集中在经济、企业、金融、出口等方面，鲜有关注数字经济与进口高质量发展。本书拟将数字经济和进口高质量发展置于统一研究框架，顺应数字经济发展趋势，是实现中国国际循环质量和双向贸易生态平衡的重要举措。第二，研究内容创新，不仅深入探究数字经济内生特征，分析供需两端数字经济内生驱动进口高质量发展的理论机制，并以省域—企业“两大层面”进行充分实证检验，全面考察数字经济内生驱动进口高质量的影响效应，明确中国进口高质量发展的改革方向和实践举措。

第二篇

理论基础与事实特征

第二章　新时代下进口高质量发展的战略选择

第一节　进口高质量发展与贸易强国

一、贸易强国的内涵

党的二十大指出“推动货物贸易优化升级，创新服务贸易发展机制，发展数字贸易，加快建设贸易强国”。可见，加快建设贸易强国已然是我国新发展阶段下的重要议程之一。关于贸易强国内涵，国内外学者有着丰富的论述。

一方面是贸易视角下的贸易强国。传统重农主义和重商主义认为，一国以相对明显的绝对优势和比较优势参与国际贸易，获得较大的贸易收益，由此形成贸易强国。Helpman、Krugman 等新贸易理论主义者提出拥有比较优势产品品种和规模是一国成为贸易强国的基本特征（潘涛，2017）。部分国外学者主要从贸易开放度、贸易规模及结构的角度进行论述某一个国家在全球贸易中的地位（科道尔，2012；斯考利和威尔逊，2011）。国内学者基于贸易视角下的贸易强国内涵也做出诸多研究。一国具备参与贸易的产品附加值高、产品品牌认知度高、企业应对市场风险能力较强、处于产业价值链高端等特征方为贸易强国（陈泽星，2004）。张亚斌等（2019）从全球生产网络构建指标体系发现，中国仍是贸易大国并非贸易强国，应从贸易效益、贸易结构和贸易环境着手，促使中国价值链升级，向贸易强国迈进。赵蓓文（2024）回顾新中国75年从贸易大国走向贸易强国，提出以“一带一路”建设为抓手，升级货物贸易；以自贸试验区提升战略为抓手，创新服务贸易发展机制；打造数字贸易“新引擎”，加快转变贸易增长方式，促进货物贸易、服务贸易、数字贸易的协同发展是中国向贸易强国转变的重要助力。张鹏龙等（2024）基于服务贸易、数字贸易、高技术贸易和全球贸易伙伴关系等贸易层面论述中国不断增强内外双循环联动效应，实现世界贸易强国宏大目标。

另一方面是国家视角下的贸易强国。随着研究的深入以及贸易强国概念的延伸，相关研究将一国居于国际市场的主体地位以及在全球经贸规则和制度制定过程中的话语权视为贸易强国的重要标准。赫克歇尔—俄林提出的生产要素禀赋理论以及波特提出的国家竞争优势理论则主要将国家本身的要素禀赋多寡以及生产效率和满足市场需求的能力视为贸易强国的重要基础。瓦尔蒂克斯等学者认为能把利益分配的所有权掌握在自己手中，是贸易强国的基本特征之一。李西林（2016）提出参与国际经贸规则制修订话语权、决策权既是一国综合实力的直接表现，也是从国际经贸合作中获取利益的重要途径。而要迈向贸易强国，中国应积极参与全球经济治理，争取制度性红利。朱福林（2020）指出能否利用自身比较优势及根据环境变迁及时培育外贸竞争新优势是贸易强国的重要标志，这不仅是对外贸上的强国，也是以外贸促强国。而本书所关注的角度更多的是从贸易视角切入，聚焦数字经济发展驱动进口贸易高质量发展，并在不同层面通过不同机制所产出的影响效应，厘清新时代下进口高质量发展在强国贸易中所发挥的重要作用。

二、进口高质量发展与贸易强国

积极扩大进口是我国推动形成全面高水平对外开放新格局、促进贸易生态平衡和经济高质量发展的重要措施之一。高质量发展已成为我国发展的主旋律，进口高质量发展不只是顺应这一趋势的表现，更是我国新一轮更高水平对外开放的重要内容。

贸易强国的建设不仅依赖于出口的强劲，更在于进口的高效与高质。进口高质量发展是贸易强国建设的重要组成部分，它强调的是一种全面、协调、可持续的贸易平衡增长模式。

进口高质量发展是贸易强国的重要内容。进口的作用不仅仅体现在满足国内市场的需求，更在于通过引进国外先进技术、产品和服务，促进国内产业的升级和转型。高质量的进口能够带来技术溢出效应，加速国内企业的技术创新和管理经验的积累，提高整体产业的竞争力。此外，进口还能够丰富国内市场的供给，满足消费者多样化的需求，提升国民生活水平，这对于构建贸易强国具有基础性的作用。

进口高质量发展是贸易强国的重要抓手。通过优化进口结构，可以更加精准地引入关键技术、核心零部件和重要资源，这些往往是推动国内产业升级和技术创新的关键要素。同时，通过引进国际先进的管理理念和商业模式，可以促进国内市场机制的完善和效率的提升。进口的多元化也有助于分散风险，增强国内市场的抗冲击能力，这对于维护国家经济安全和推动贸易强国建设具有战略性的意义。

进口高质量发展是实现贸易强国的有效路径。在当前全球经济一体化的背景下，贸易强国的建设需要更加开放的姿态和更加主动的国际合作。通过积极主动扩大进口并注重进口高质量发展，我国可以更深入地参与到全球产业链和供应链中，与世界各国共享发展机遇，实现互利共赢。同时，高质量的进口也有助于提升中国产品和服务的国际竞争力，不仅有助于推动中国从贸易大国向贸易强国转变，也有助于深度参与全球产业分工和合作，维护多元稳定的国际经济格局和经贸关系。

第二节 进口高质量发展与新发展格局

一、新发展格局的科学内涵

加快构建新发展格局，是以习近平同志为核心的党中央根据中国新发展阶段、新历史任务、新环境条件作出的重大战略决策。进入“十四五”时期，构建双循环新发展格局是促使我国迈向高质量发展的必经之路。2020 年 4 月，习近平总书记在中央财经委员会第七次会议上提到“扩大内需和扩大开放并不矛盾。国内循环越顺畅，越能形成对全球资源要素的引力场，越有利于构建以国内大循环为主体、国内国际双循环相互促进的新发展格局，越有利于形成参与国际竞争和合作新优势”，这是首次提出新发展格局。2020 年 7 月 21 日，习近平总书记在企业家座谈会上强调，“要逐步形成以国内大循环为主体、国内国际双循环相互促进的新发展格局”，指出“以国内大循环为主体，绝不是关起门来封闭运行，要更好利用国际国内两个市场、两种资源，实现更加强劲可持续的发展”。[①] 2020 年 8 月 20 日，习近平总书记在合肥主持召开扎实推进长三角一体化发展座谈会，对加快形成新发展格局提出更有针对性的要求。2020 年 8 月 24 日，习近平总书记在经济社会领域专家座谈会上，强调新发展格局是重塑我国国际合作和竞争新优势的战略抉择。2020 年 9 月 1 日，习近平总书记在中央全面深化改革委员会第十五次会议上，从改革的角度强调为构建新发展格局提供强大动力。党的十九届五中全会再次提出，加快构建以国内大循环为主体、国内国际双循环相互促进的新发展格局，要畅通国内大循环，促进国内国际双循环。党的二十大报告更是提出必须完整、准确、全面贯彻新发展理念。

经过近几年的实践和探索，我们对新发展格局战略意义的认识越来越深刻，新发展格局也取得了新进展。第一，国内大循环的主体作用在增强。2023 年，我国国内社会消费品零售总额达到了 47.1 万亿元，固定资产投资规模达到了 50.3 万亿元，内需对经济增长的贡献率达到了 111.4%，比 2022 年提高了 25.3%；第二，国际循环质量和水平进一步提升。面对外需收缩等不利影响，我国加力推动外贸稳规模、优结构，出口实现了正增

① 《习近平：在企业家座谈会上的讲话》，https：//www.gov.cn/xinwen/2020－07/21/content_5528791.htm。

长；第三，国内国际双循环相互促进。2023 年，我国货物出口额再创历史新高，其中，机电产品出口比 2022 年增长了 2.9%，以电动载人汽车、太阳能电池、锂电子蓄电池为代表的“新三样”产品出口额首次突破万亿元大关。

自新发展格局概念提出以来，各界纷纷探讨双循环新发展格局的科学内涵，相关理论著述和文献不断涌现，为新发展格局的构建提供了诸多新颖且富有价值的视角。因此，本书对新发展格局的科学内涵进行梳理，以阐释新发展格局背景下推动进口高质量发展的战略选择，有助于更好地构建新发展格局。

刘鹤指出，构建新发展格局关键在于实现经济循环流转和产业关联畅通。根本要求是提升供给体系的创新力和关联性，解决各类“卡脖子”和瓶颈问题，畅通国民经济循环。而做到这一点，必须深化改革、扩大开放、推动科技创新和产业结构升级。要以实现国民经济体系高水平的完整性为目标，突出重点，抓住主要矛盾，着力打通堵点，贯通生产、分配、流通、消费各环节，实现供求动态均衡。同时需要把握好供给和需求的关系、国内大循环与国内国际双循环的关系以及深化改革和推动发展的关系。① 程恩富和张峰（2021）从政治经济学的角度分析双循环新发展格局，认为经济循环的本质是社会再生产过程，社会再生产理论与辩证唯物主义是分析国内循环与国际循环及两者之间相互促进关系的有力工具。黄群慧（2021）提出，一方面，新发展格局要求我国改变激励出口的政策导向，把满足国内需要作为发展的出发点和落脚点，充分发挥超大规模市场优势和内需潜力；另一方面，要求提升产业基础能力和产业链现代化水平，加快关键核心技术攻关，改变出口导向战略形成的长期处于价值链中低端的分工地位，以提高满足内需的能力。此外，通过供给侧结构性改革，提高国内经济供给质量，挖掘消费潜力，进一步畅通国内经济循环，使得国外

① 加快构建以国内大循环为主体、国内国际双循环相互促进的新发展格局（学习贯彻党的十九届五中全会精神）人民日报，2020 年 11 月 25 日。

产业更加依赖中国供应链和产业链，更加依赖中国的巨大消费市场，提高国内自我经济循环量的同时，促进更高水平的对外开放，实现国内国际双循环相互促进的发展新局面。高伟等（2021）主张从以国内大循环为主体、运用创新技术培养新的经济增长点和更高层次、更高水平开放的国内国际双循环三个方面理解新发展格局的内涵。依托国内超大规模市场和超大内需实现产品市场和要素市场的畅通循环，在此基础上以更高层次、更高水平、更高质量的对外开放水平参与国际市场，以内循环带动外循环，进而实现双循环相互促进的局面。詹成付（2020）从要把握灵魂、要把握主体、要把握整体、要把握关键和要把握底线五个方面阐释新发展格局的基本内涵。王小广（2020）提出要深刻理解新发展格局的深层内涵，首先要把握新发展阶段大战略的内在逻辑，重点是畅通国民经济的整体循环，提高循环主体（各个部分）的发展质量和促进形成整体发展效能；其次要立足于“两主两根”：以推动高质量发展为主题，以深化供给侧结构性改革为主线，以改革创新为根本动力，以满足人民日益增长的美好生活需要为根本目的；最后要领会构建新发展格局是新发展阶段大战略的关键，还要统筹发展和安全，使高质量发展与安全发展统一起来。李俊（2021）认为以国内大循环为主体，绝不是关起门来封闭运行，促进国内大循环的首要任务是扩大内需，重点扩大消费需求；提升国际循环质量和水平不能自我封闭、主动脱钩，要进一步推进高水平对外开放，特别是要推动商品和要素流动型开放向制度型开放升级；双循环相互促进要改革制约内外循环联通互促的制度性障碍，推进国内国际规则制度的衔接，构建现代化市场经济治理体系，在制度型开放方面取得实质性突破。荣晨（2022）建立了新发展格局的理论分析框架，提出构建新发展格局的关键在于经济循环的畅通无阻，最本质特征是实现高水平的自立自强，强大动力是更深层次改革和更高水平开放，优势条件是国内超大规模市场等科学内涵。郭冠清（2022）提出构建新发展格局的内涵有：以马克思主义基本原理为基础，党的领导和拥有稀缺的市场资源为最大优势，经济循环的畅通无阻为关键因素，统筹发展与安全的关系为核心要义，实现高水平的自立自强为最本质特征，贯彻新发展理念为指导原则。以上六个内涵相联系又有区别，构成新发展格局的科学内涵。邹薇（2023）从国际经济理论出发，提出构建新发展格局四个方面的理论内涵，分别是：拓展了从比较优势到竞争优势的理论框架，推进了从对外开放到市场融合的理论创新，推进了从对外开放到市场融合的理论创新，丰富了从“三驾马车”到“以我为主”的宏观经济理论。高伟和李岳洋（2024）通过梳理现有双循环新发展格局文献发现，内涵界定模糊不清的问题较为突出，学者意见不一，于是提出双循环新发展格局科学内涵要固定研究范畴，清晰界定什么是双循环新发展格局与如何实现双循环新发展格局。

二、进口高质量发展与构建新发展格局

积极扩大进口战略是我国高水平对外开放的重要举措，有助于积极发挥进口在我国经济发展中的作用。进口高质量发展更是顺应这一战略举措的重要内容，不仅符合国家重大发展战略，也是新一轮更高水平对外开放的主要举措。进口高质量发展响应积极扩大进口战略，更有效地利用优势实现国内国际两个市场联通、要素资源更高效共享共用。通过发挥高质量进口的溢出效应、互补效应、成本效应、消费效应、市场效应、高质量效应，促进国内循环畅通、国际循环质量提升，进而推动国内国际双循环相互促进，实现经济高质量发展。

（一）进口高质量发展是国内大循环高质量发展的重要内容

进口作为国家经济发展的重要环节，其高质量发展对构建新发展格局具有深远影响。进口高质量发展是推动国内大循环高质量发展的关键因素之一。习近平总书记强调，构建新发展格局，绝不是封闭的国内单循环，而是开放的、相互促进的国内国际双循环。强大、韧性、可靠的国内大循环是我国发展的根基和命脉，良性互动、相互促进的国内国际双循环对于优化资源配置、提高发展质量具有关键作用。国内大循环高质量发展就是要将国内经济做大做强，不仅要扩大内需，还要提升国内经济的运行效率、动力与质量。

进口高质量发展是广义的进口概念，不仅是对货物、服务的进口，还包括生产要素的进口。通过对以上不同形式的进口，有利于国内经济做大做强，提升国际竞争力。高质量进口可以通过关键零部件、先进机器设备、高端紧缺型人才、稀缺性资源的进口提高国内生产效率和质量。一方面可以通过进口增加国内供给影响商品价格进而影响分配，另一方面可以通过进口便利化水平影响国内流通，同时通过高质量进口增加国内供给，满足并创造新的消费需求，以此不断打通国内生产、分配、流通和消费各个环节，促进国内大循环高质量发展。

（二）进口高质量发展是国内高质量发展的优势条件

高质量进口的实现，对于提升国内要素市场和产品市场的一体化程度具有重要作用。在全球化的今天，要素市场和产品市场的一体化是经济全球化的必然趋势。通过高质量的进口，可以有效地整合国内外资源，提高资源配置的效率，促进国内外市场的有效对接。这不仅有助于提升国内市场的竞争力，还能够为国内企业提供更多的发展机遇。高质量进口有助于满足消费者的多元化需求。随着经济的发展和人民生活水平的提高，消费者对商品和服务的需求越来越多样化、个性化。高质量的进口商品能够满足这些需求，提供更多样化的选择，从而提高消费者的满意度和生活质量。这对于推动国内消费升级，促进经济的高质量发展具有重要意义。高质量进口还能够提升国内产业的竞争力。通过引进国外先进的技术和管理经验，国内企业可以加快自身的技术创新和管理创新，提升产品和服务的质量。这种学习和创新的过程，不仅能够提升国内产业的整体水平，还能够促进产业结构的优化和升级，为经济的高质量发展提供动力。

（三）进口高质量发展是更高水平对外开放及高质量参与国际循环的重要保障

在当前经济全球化的大背景下，更高水平的对外开放是推动国内经济高质量发展的重要途径。高质量的进口不仅能够丰富国内市场，还能够促进国内企业与国际市场的深度融合，提高国内企业的国际竞争力。通过引进国外先进的技术和管理经验，国内企业可以加快自身的技术创新和管理创新，提升产品和服务的质量，从而在国际市场上占据有利地位。高质量的进口还能够促进国际资源的有效配置，提高国际循环的效率。通过参与国际循环，国内企业可以更好地利用国际资源，优化自身的生产和经营，提高经济效益。这对于推动国内经济的高质量发展，实现更高水平的对外开放具有重要意义。高质量的进口还能够促进国内外市场的互补发展。通过引进国外优质的商品和服务，国内企业可以学习借鉴，加快自身的技术创新和管理创新，提升产品和服务的质量。这不仅能够满足国内消费者的需求，还能够提高国内企业的国际竞争力，推动国内外市场的共同发展。

（四）进口高质量发展是高质量连接国内大循环和国际循环的重要桥梁

高质量的进口在连接国内大循环和国际循环中发挥着重要的桥梁作用。通过高质量的进口，国内企业可以更好地融入全球供应链，参与国际分工，提高自身的国际竞争力。同时，高质量的进口还能够促进国内外资源的有效配置，提高资源利用效率，推动国内外市场的深度融合。高质量的进口还能够促进国内外市场的互补发展。通过引进国外优质的商品和服务，国内企业可以学习借鉴，加快自身的技术创新和管理创新，提升产品和服务的质量。这不仅能够满足国内消费者的需求，还能够提高国内企业的国际竞争力，推动国内外市场的共同发展。高质量的进口还能够促进国内产业的升级和转型。通过引进国外先进的技术和管理经验，国内企业可以加快自身的技术创新和管理创新，提升产品和服务的质量。这种学习和创新的过程，不仅能够提升国内产业的整体水平，还能够促进产业结构的优化和升级，为经济的高质量发展提供动力。

（五）进口高质量发展是确保国内循环和国际循环安全高质量的有效路径

高质量的进口意味着高质量的进口治理，这对于保障供应链的稳定性和产业链的安全具有重要作用。在当前复杂多变的国际环境下，保障供应链的稳定性和产业链的安全对于维护国内经济的稳定发展至关重要。通过高质量的进口治理，可以有效地预防和应对各种风险和挑战，确保国内循环和国际循环的安全。同时，高质量的进口还能够提高国内产业的抗风险能力。通过引进国外先进的技术和管理经验，国内企业可以提高自身的创新能力和管理水平，增强应对市场变化的能力。这不仅能够保障国内产业的稳定发展，还能够提高国内产业在国际市场中的竞争力，为国内经济的高质量发展提供有力支撑。

总的来看，进口高质量发展在推动国内经济高质量发展、构建新发展格局中发挥着关键作用。通过高质量的进口，不仅可以满足国内消费者的需求，提升国内产业的竞争力，还能够促进国内外市场的深度融合，保障国内循环和国际循环的安全。因此，应当采取有效措施，推动进口高质量发展，为构建新发展格局提供有力支撑。这包括加强进口治理，优化进口结构，提升进口效率，促进国内外市场的深度融合，保障供应链的稳定性和产业链的安全。通过这些措施，可以更好地实现进口高质量发展，推动经济的高质量发展和新发展格局的构建。

第三章　数字经济赋能进口高质量发展的理论分析

第一节　国际贸易理论对进口贸易作用的分析

一、古典贸易理论对进口贸易作用的分析

对于进口贸易作用的分析，可以追溯至亚当·斯密，其在《国富论》中提出了绝对优势理论，认为国家间在生产技术上的差异会造成劳动生产率和生产成本的绝对差别。因此，贸易各方应集中生产并出口其具有绝对优势的产品，进口其不具有绝对优势的产品，进口发挥比较优势，使一国或地区获得利益。大卫·李嘉图在《政治经济学及赋税原理》中进一步发展了比较优势理论。他认为，即使一个国家在所有产品的生产上都不如另一个国家有效率，它仍然可以从贸易中获益。每个国家应该专注于生产自己相对效率较高的商品，通过进口交换其他国家相对效率较高的商品。通过这种方式，即使效率最低的国家也能通过专注于其劣势最小的产业来获益。穆勒出版的《政治经济学原理》指出，进口通过引进外国工艺技术、引进外国资本和向本国居民提供激励性示范并传输新观念的途径推动不发达国家的发展。罗伯特逊在《国际贸易的未来》中提出，进口资本货物能够使国家获取国际分工利益，节约生产要素投入，同时，进口竞争有助于降低成本，倒逼出口工业提高产品质量，进而淘汰效率低下的出口部门。卢卡斯在《论经济发展的机制》中提出，进口贸易不仅有助于引进先进技

术，还会引发更为频繁的信息交流和更激烈的竞争，从而激发创新。

新古典贸易理论认为，进口贸易的作用在于允许国家利用自身的比较优势，通过进口那些自己生产成本高昂或生产效率低下的商品，从而节省资源、提高效率，并满足国内消费者的需求。同时，进口贸易还能促进国内产业的升级和竞争力提升，因为它迫使国内企业面对国际竞争，从而推动创新和技术进步。此外，进口贸易还有助于增加消费者福利，因为它提供了更多的商品选择和可能更低的价格。

二、新贸易理论对进口贸易作用的分析

20 世纪 80 年代初，新贸易理论开始将进口贸易视为促进技术进步的重要因素，这一点在多位学者的研究中得到了体现。其中，保罗·克鲁格曼（Paul Krugman）的新贸易理论特别强调了进口贸易在技术进步中的作用。克鲁格曼认为，进口贸易可以通过引入外国的先进技术和产品来刺激本国企业的技术创新和模仿，从而推动技术进步。此外，进口的中间产品可能包含先进技术，本国企业通过使用这些中间产品，可以间接学习和吸收这些技术，进而促进自身的技术进步。而且在新增长理论的框架下，学者们如罗默（Romer）和卢卡斯（Lucas）强调了技术进步是经济增长的最终源泉，而进口贸易作为技术溢出的一种形式，通过商品和服务的贸易使国内企业能够接触到国外的新技术和管理经验，从而促进本国的技术进步和生产效率的提高。此外，格罗斯曼和赫尔普曼（Grossman and Helpman）在他们的研究中指出，进口新的或更好的中间产品对进口国技术进步的影响主要体现在两个方面：一是更多种类的中间产品能够增加最终产品的生产效率；二是专业化生产的中间产品的进口会刺激进口国对这些产品的学习和模仿，甚至开发出具有竞争性的相似产品，从而促进进口国的技术进步和经济增长。不少学者从实证层面验证进口贸易的作用。杨俊玲在其研究中提出，基于 Baldwin 的贸易划分方法，构建了适合研究需要的全贸易分解方式，并使用动态面板模型考察了国际贸易对中国技术进步的影响。研究结果表明，最终消费品的进口贸易、出口贸易和代加工类中间品进口

贸易对中国技术进步有显著的正向作用，而中间品出口贸易和非代加工类中间品进口贸易则存在一定程度上的阻碍效应。这表明贸易结构调整的正向溢出效应正在逐步显现，参与全球化生产活动对中国技术进步具有一定的带动作用。李平与郭娟娟在其研究中发现，在全球化价值链背景下，中间品进口对企业全要素生产率有显著的正面影响，这表明通过进口中间品，企业能够接触到更先进的技术和知识，从而促进自身的技术进步。罗勇和曾涛在其研究中指出，我国中间品进口商品结构对技术创新有显著影响，这表明通过进口不同类型的中间品，企业能够获得不同的技术溢出效应，进而推动技术创新。楚明钦和陈启斐的研究也支持了上述观点，他们认为中间品进口、技术进步与出口升级之间存在正向关联，即中间品的进口贸易有助于提升企业的技术水平，并促进出口产品的升级。

新贸易理论认为进口贸易不仅是商品和服务的交换，更是知识和技术的交流。通过进口贸易，一个国家可以吸收和利用国外的先进技术，促进本国的技术进步和产业升级。进口贸易是一种更为直接的技术外溢渠道，一国通过进口贸易能够更直接分享贸易伙伴国研发投入的成果，进而促进本国全要素生产率提高。

第二节　数字经济赋能进口高质量发展的理论分析：供给端视角

数字经济通过内生特征驱动进口高质量发展的效应表现在：其一，关键产品，即信息产品的非争夺性显现低成本特征，为进口贸易提供显著的成本效应；其二，数据要素的“滚雪球”式的自我强化特征，推动进口贸易实现规模经济和范围经济效应；其三，数字化交易平台催生供应链扁平化特征，降低进口贸易信息壁垒和信用壁垒，实现网络化效应；其四，长尾效应特征，即数字技术应用从供需角度关注并满足个性化，使进口贸易更加精准高效，实现长尾效应；其五，交易标的的服务化特征。数字技术使得贸易标的服务化及制造业服务化转型效应明显，实现进口贸易结构优化效应。数字经济通过供求两端双重渠道内生驱动进口高质量发展。

供给端视角下数字经济赋能进口高质量发展主要通过发挥以下四个方面的效应：

（1）生产率提升效应。根据新新贸易理论，重点探究数字经济引发的生产率提高、边际成本降低、城市层级结构分化及企业效率提升等内生动力，驱动进口高质量发展。

（2）资源配置效应。根据人力资本理论和要素流动理论，数字经济通过人力资本提升、进口产品要素流动，实现了资源再配置、城市内产品优化再配置等，从内生驱动进口高质量发展。

（3）产业升级效应。根据产业经济理论，数字经济等产业配套成为影响产业转移的关键因素，它推动省域及企业通过数智化寻求传统产业的跨越式发展，并通过技术创新外溢效应，持续内生驱动进口高质量发展。

（4）供应链优化效应。数字经济通过提供实时数据分析和供应链管理工具，帮助进口商优化库存管理和物流配送，减少成本和时间延误。这种供应链优化效应提高了进口贸易的效率和可靠性，增强了消费者对进口商品的信心。

第三节　数字经济赋能进口高质量发展的理论分析：需求端视角

需求端视角下数字经济赋能进口高质量发展主要通过发挥以下五个方面的效应：

（1）需求数量扩张效应。数字经济产品具有非争夺性，即一个人的使用不会减少另一个人的使用量，这种特性使得数字产品能够满足消费者个性化、多元化的需求。长尾效应使得即使是小众产品也能在市场上找到自己的位置，从而引致消费需求的扩张。这种扩张效应为进口贸易提供了更广阔的市场空间，使得进口商能够引入更多种类的商品来满足不同消费者的需求。

（2）需求质量提升效应。数字经济的自我强化特征和交易标的服务化推动消费者追求更高的消费品质和效率。消费者现在更加关注消费服务和质量，这为进口高质量发展提供了市场基础。数字技术的应用，如大数据分析和人工智能，可以帮助进口商更准确地预测市场需求，从而提高进口产品的质量与服务水平，满足消费者对高品质生活的追求。

（3）技术溢出效应。数字经济通过进口贸易引入的先进技术和知识，可以促进国内企业的技术创新和模仿，推动产业升级。这种技术溢出效应不仅提升了国内产业的技术水平，也提高了进口产品的质量，进一步刺激了对高质量进口商品的需求。

（4）市场竞争效应。数字经济增强了市场的透明度和竞争性，消费者可以更容易地比较不同进口商品的性能和价格。这种竞争效应促使进口商提高产品质量和服务水平，以保持市场竞争力。

（5）消费者福利提升效应。数字经济通过电子商务平台和在线支付系统等，为消费者提供了更加便捷和高效的购物体验。消费者可以轻松访问全球市场，比较和选择最适合自己的进口商品，这不仅提高了消费者的满意度，也扩大了进口商品的消费基础。

数字经济通过以上多种效应从供给端和需求端双重发力赋能进口贸易的高质量发展，不仅满足了消费者对多样化和个性化商品的需求，也推动了国内产业的技术进步和结构升级，为经济的高质量发展提供了有力支撑。

第四章　数字经济发展典型事实与特征

第一节　国内外研究现状

一、数字经济相关概念及特征

新时代下数字经济成为继农业经济和工业经济之后的第三种经济新形态，已经成为经济高质量发展的重要引擎和核心动力。2017 年 12 月，习近平总书记在中共中央政治局第二次集体学习时强调，大数据发展日新月异，要推动大数据技术创新发展，构建以数据为关键要素的数字经济，加快发展数字经济，推动实体经济和数字经济深度融合发展，推动制造业加速向数字化、网络化、智能化发展，发挥数据的创新作用，加快数字经济发展，逐渐形成以创新为主的引领和支撑作用的新发展模式。随着数字技术突飞猛进，中国对数字经济的重视程度日益提高，并将数字经济上升至“十四五”规划的国家战略地位，其重要性不言而喻。而目前各组织机构和学界对数字经济的概念众说纷纭，并未统一。现将数字经济进行狭义和广义的两种概念介绍，并在此基础上总结数字经济的特征，以为后文分析数字经济赋能消费升级的机制与路径选择提供理论铺垫。

（一）数字经济相关概念

首先，数字经济的狭义概念。从狭义层面来讲，数字经济主要包括信息通信技术产业（Information and Communications Technology，ICT）和其他与数字化程度高的产业。尼古拉·尼葛洛庞第（1996）将数字经济定义为

“利用比特而非原子”的经济。此概念充分指出了数字经济基于网络的本质，在数字经济发展早期有较大影响力。随着数字技术的发展，数字经济的范围有所拓展，狭义概念的数字经济包括 ICT 产业、电子商务以及具有数字内容的相关产业。2018 年美国商务部经济分析局（U. S. Bureau of Economic Analysis，BEA）发布的《数字经济定义及测算》同样属于数字经济狭义概念，将数字经济的范围囿于数字基础设施、电子商务和数字相关内容产业三部分。国内学者焦勇和刘忠诚（2020）认为狭义数字经济包含数字部门和新商业模式。当下数字技术的迅猛增长势头，使得数字经济和传统产业的融合程度日益加深。同时，伴随着新兴产业的衍生，数字经济的范围也应随之延伸拓展，不应只是局限于产品的交易交付环节，产品研发设计、生产制造等诸多环节，同样也应纳入数字经济范畴。因此，狭义的数字经济概念仅关注数字程度高的产业已然不能较全面涵盖数字经济，具有一定的局限性。

其次，数字经济的广义概念。从广义层面来讲，数字经济作为不同于农业经济和工业经济的新经济形态，包含基于数字技术的经济活动的总和，即产业数字化和数字产业化。1996 年“数字经济之父”唐·塔普斯科特（Don Tapscott）在其出版的《数字经济：网络智能时代的承诺和风险》中提出数字经济概念。实际上，他早在 1994 年就已经归纳了数字经济的 12 个显著特征，但较为宽泛难以在实践中广泛应用。2016 年 G20 杭州峰会上发布的《G20 数字经济发展与合作倡议》认为，数字经济是指以使用数字化的知识和信息作为关键生产要素、以现代信息网络作为重要载体、以信息通信技术的有效使用作为效率提升和经济结构优化的重要推动力的一系列经济活动。经济合作与发展组织（OECD）连续多年在其报告中提及数字经济，并将其定义为：在新兴信息技术的冲击下，人类生产活动由原子加工转变为信息加工的生产模式。2021 年 5 月国家统计局发布的《数字经济及其核心产业统计分类（2021）》同样应用该定义。这一定义将数字经济的数字化知识和信息作为核心生产要素，并涵盖以现代信息网络为重要载体的一系列经济活动，具有较为广泛的实用意义。中国信息通信研究院（2020）指出，数字经济是以数字化的知识和信息作为关键生产要素，以数字技术为核心驱动力，以现代信息网络为重要载体，通过数字技术与实体经济深度融合，不断提高数字化、网络化、智能化水平，加速重构经济发展与治理模式的新型经济形态。中国信息通信研究院相较于G20杭州峰会上所提及的数字经济的概念更加具体和全面，不仅注重效率和质量的统一，而且还纳入了经济发展和治理模式的重构理念，更加注重生产力和生产关系的辩证统一。数字经济的广义概念更全面兼容，具有前瞻性。除了以上提到的官方机构曾对数字经济的广义内涵作出了界定，学术界也对数字经济作出了界定。赵玉鹏等（2003）基于数字经济的数字流动特征提出，凡能动态描述数字流动的经济形式均可视为数字经济。逄建等（2013）和赵星（2016）则将数字经济的核心置于数字化应用上，主要涵盖交易、交流和合作的数字化过程。吴佳熠（2020）认为，数字经济是以数据为关键生产要素，并有效利用数字技术进行经济活动的形态。还有学者从数字经济的内涵进行界定，例如，刘方等（2019）将数字经济划分为数字经济基础产业和数字经济融合效应两大部分；何大东（2021）则认为数字经济是大数据、互联网和人工智能技术等多重融合的结果，涵盖经营决策、资源配置、组织架构以及宏观调控等多个方面。有学者将数字经济定义为：以数字化信息为核心生产要素，以信息技术为支撑，以现代信息网络为主要载体，通过数字化技术提供产品或服务的新型经济形态。其特点是技术融合、产业融合以及生产者与消费者的深度融合（张亮亮等，2018）。

因此，本书的数字经济适用于广义概念。归纳来说，数字经济是以实现数字技术和数据应用为目的，以数据为核心生产要素，以信息通信网络为重要载体，实现数字技术应用在货物和服务的生产、流通、分配和消费的一系列经济活动中的总和。

（二）数字经济的特征

数字经济持续迅猛的发展，逐渐与传统产业的深度融合，其特征愈加鲜明。第一，数字经济拓展了经济新形态。数字经济不同于传统的农业经济和工业经济，形成了新经济，拓展了经济新形态。在数字经济时代背景下，以数据为核心生产要素，应用数字技术，搭载于大数据、互联网、5G和人工智能等新型基础设施，派生出平台经济、直播经济、零工经济等各种新模式新业态新产业，衍生成为新经济。第二，数字经济依托数字技术，数据和信息成为其核心生产要素。信息技术的创新和数据的网络化特征在数字经济中表现尤为突出，同时也为数字经济的发展提供源动力。第三，数字经济的“四化”特征，即产业数字化、数字产业化、数字价值化和数字化治理。产业数字化是原有的产业通过应用数字技术（非数字产业与数字技术相融合）改变传统的生产集合方式，进而达到效率和产出的双重提升。数字产业化是由于数字技术的应用和创新所产生的新产品和新服务，进而通过融合渗透形成新兴行业，如云计算、物联网、大数据、5G技术、互联网金融等。数字价值化是数字经济中的数据成为核心生产要素，具有较高的使用价值和价值，成为交易的对象。数字化治理是数字经济发展过程中，数据保护、个人隐私等相关问题的治理体系的构建和完善，这也是数字化治理不可避免的问题。第四，数字经济具有极强的渗透性特征。凭借其先进的数字技术，可以渗透到所有传统产业，实现产业转型升级和产业融合（王智新，2022）。第五，数字经济具有极强的边际收益递增特征和边际成本递减特征。该特征来源于数字经济发展的核心生产要素：数据要素（Acquisti A，2014）。第六，数字经济还具有“生态化”特征。有学者认为，各国产业结构通过利用数字技术完成产业升级和融合后，最终会形成本区域的数字经济“生态”系统。不同区域间数字经济的竞争体现为以数字经济“生态”系统的完整性、适应性和效率为核心的“生态”竞争（陈玲，2022）。

二、数字经济理论及政策体系

（一）数字经济理论体系

以新一代信息技术为基础的数字经济日益成为推动经济发展的重要动力。数字经济的兴起催生了对其理论体系的构建和相关政策体系的研究。陈晓红等通过检索国内外数字经济研究文献，总结提炼数字经济理论发展过程中重要的科学问题，以此构建出“内涵特征—现实表现—核心理论—方法体系”的学理链的数字经济理论基本框架，是中国特色数字经济理论体系的创建尝试。数字经济基础理论融合了新古典经济学领域的宏观经济增长理论、中观产业组织理论以及微观消费者理论和厂商理论；新制度经济学的交易成本理论和现代产权理论；管理学的创新管理理论三个方面学科领域和科学理论，每一学科下又包含细分的变化要素。伴随着数字技术出现，数据挖掘技术的进步使得对文本、图像等非结构化数据和高维数据进行处理变得更加高效便捷。新研究方法不断革新，推动了数字经济理论方法体系的更新。黄奇帆等在《数字经济：内涵与路径》一书中勾勒了中国式数字经济理论体系，书中的理论框架包括数字生产力、数字生产关系、数据要素、数字应用、数字治理等方面，从政治经济学的视角，描述了一个中国原创的数字经济理论体系，并且介绍了关键的数字技术、数字新基建等内容，还收录了一些数字经济实践的成功案例，为中国数字经济理论体系建设奠定基础。杨东（2020）论述了后疫情时代数字经济基本法律理论体系和规制体系重构的问题。他认为应形成反不正当竞争、电子商务、反垄断等领域分层次的数字经济竞争法体系。

（二）数字经济政策体系研究

相较于传统经济，数字经济有其自身的理论体系和发展规律，因此发展数字经济所需要的政策体系与传统经济也存在较大差异。已有学者开始探讨与数字经济相关的政策体系，从而构建相应的理论政策体系。陈万钦（2020）梳理国内外现有的数字经济政策，分析数字经济的理论基础、发展规律和趋势，从数字经济发展需要的专用政策和通用政策两方面构建其理论政策体系。其中，专用政策由数字经济顶层设计、功能性政策、竞争性政策、选择性政策、拓展性政策组成，通用政策由要素政策、财税政策、企业政策和社会政策组成，由此构建数字经济政策体系。唐要家（2021）以数字经济中的数字平台经济为研究主体，基于对平台经济属性的准确把握和科学界定，提出构建系统的数字平台监管法规体系与协同治理体制、突出支配平台自我规制、合规经营与政府规则监管相结合和全面提升平台经济反垄断监管能力等针对性的监管政策。余文涛等（2024）利用我国207个地级市2013—2019年一整套数字经济政策体系，以理论分析和双重差分法检验数字经济政策对产业结构升级的影响效应，以分析数字经济政策的有效性。

三、数字经济统计测度及其影响效应

新一轮科技革命和产业变革催生数字经济蓬勃发展，不仅成为提升国际循环质量和水平的关键抓手，更为高质量发展提供内生动力。众多机构和学者开始关注数字经济的量化分析及其带来的影响效应。

（一）数字经济统计测度

机构方面，如欧盟统计局的DESI、BEA发布的数字经济估计、世界经济论坛的NRI、国际电信联盟公布的IDI、中国信通院构建的DEI；测算方法方面，主要有指数编制法、增加值测算法、构建卫星账户法、构建数字经济指标（许宪春和张美慧，2020；王军等，2021；周彦霞等，2023）。而且学者们对不同层面的数字经济进行了统计测度。如省域层面，以构建数字经济指标体系为主。胡日东和张涛（2024）从数字基础设施、数字产业化、产业数字化、数字技术环境和数字技术人才五个方面构建指标体系。刘文慧和史宝娟（2024）从数字基础设施和数字应用两个方面构建。袁晓辉和孙伟轩从数字产业化和产业数字化两个方面进行分析。城市层面，同样是以构建数字经济指标体系为主。明翠琴和彭宏亮（2024）从数字基础、数字支出、数字企业和数字服务四个方面构建数字经济发展指标体系。彭文斌和邝嫦娥（2024）从数字基础设施、数字产业化、产业数字化和数字普惠金融四个方面构建。另外部分学者将“宽带中国”试点政策和国家级大数据综合试验区试点政策等相关政策作为数字经济发展的替代指标（王凡凡，2024）。企业层面，部分学者也是以构建指标体系衡量并测度数字经济发展水平（谢宜章和李标，2024；冯潇汉等，2024）。还有部分学者以数字化转型、数字技术应用、数字化、数字技术等相关指标衡量替代数字经济发展（刘鑫和党莉莉，2024；凌晨等，2024）。

（二）数字经济的影响效应

随着数字经济的蓬勃发展，对数字经济影响效应的研究也日益增多。本部分从经济、社会和政治三个层面出发，将已有的文献主要分为经济增长与创新效应研究、社会与文化影响研究和政策与治理效应研究，通过梳理以更全面理解数字经济对各个领域的影响和作用。具体来看，第一，经济增长与创新效应研究方面。数字经济可以促进企业的成长与创新以及显著拉动经济高质量发展（Li 等，2022；Guo 等，2023）。唐要家等（2022）通过构建包含数据要素的内生增长模型证明数字经济发展带来的市场竞争和高创新激励会提升企业创新绩效。罗爽和肖韵（2024）基于城市面板数据，验证数字经济核心产业集聚显著促进新质生产力的发展。关于数字经济与外贸高质量发展的关系。早期学者关注互联网使用对对外贸易的正向影响（Faqin Lin，2015）。现阶段学者从不同层面论证数字经济对外贸高质量发展的促进作用，认为数字经济与对外贸易深度融合已成为推动外贸高质量发展的重要动能（Ma Shuzhong and Fang Chao，2021；黄赜琳等，2022；包振山等，2023；袁瀚坤和韩民春，2023；姚战琪，2024）。第二，社会与文化影响研究方面。陈梦根等（2024）通过构建基本公共服务供给水平指标体系，验证数字经济能够显著促进基本公共服务供给水平及基本公共服务均等化。Lu 等（2023）利用中国社会综合调查和企业在线招聘等数据集，验证数字经济促进了平等主义性别观点的形成，即数字经济的红利偏向于劳动力市场中的弱势群体，数字经济显著促进了女性就业。第三，政策与治理效应研究方面。王岭（2024）通过对数字经济时代中国政府监管转型路径的动因分析，提出数字经济时代政府监管转型的“内容、载体、机制、监督、评价”五维路径。

第二节 中国数字经济发展情况

一、数字经济相关会议及政策

中国提出数字经济相关概念以来，通过多次会议和政策文件的实行明确表达了对数字经济发展的重视，表 4－1 为自 2015 年首次正式提出“数字中国”建设以来，部分与数字经济相关的会议和政策。主要集中在以下几个方面：首先，政策鼓励数字技术与传统行业融合，提升生产效率。其次，强调基础设施建设，推动 5G 和数据中心等发展。此外，政策还关注数字经济的监管，确保安全与隐私。最后，鼓励创新与创业，支持中小企业在数字转型中的角色。可以发现，这些政策不仅强调要加强技术创新和基础设施建设，还强调数字经济与社会各领域的深度融合，显示出其在推动经济高质量发展中的核心地位，以及在提高经济发展竞争力方面的重要性，同时，也反映了国家对未来数字经济形态的战略布局。

表 4－1　　中国数字经济相关会议及政策意见

时间	会议/文件名称	单位	重点内容
2015 年 12 月	第二届世界互联网大会		习近平总书记首次正式提出推进“数字中国”建设的倡议，开启了数字中国建设新征程
2016 年 7 月	《国家信息化发展战略纲要》①	中共中央办公厅、国务院办公厅	指出没有信息化就没有现代化。适应和引领经济发展新常态，增强发展新动力，需要将信息化贯穿我国现代化进程始终，加快释放信息化发展的巨大潜能。以信息化驱动现代化，建设网络强国
2017 年 10 月	党的十九大		“数字中国”这一概念首次被写入党和国家纲领性文件
2018 年 9 月	《关于发展数字经济稳定并扩大就业的指导意见》②	国家发展改革委	指出到 2025 年，伴随数字经济不断壮大，国民数字素养达到发达国家平均水平，数字人才规模稳步扩大，数字经济领域成为吸纳就业的重要渠道

① 中共中央办公厅 国务院办公厅印发《国家信息化发展战略纲要》_滚动新闻_中国政府网（www. gov. cn）。

② 《关于发展数字经济稳定并扩大就业的指导意见》_部门政务_中国政府网（www. gov. cn）。

续表

时间	会议/文件名称	单位	重点内容
2019 年 10 月	《国家数字经济创新发展试验区实施方案》①	国家发展改革委、中央网信办	要求各试验区坚持新发展理念，坚持推动高质量发展，坚持以深化供给侧结构性改革为主线，结合各自优势和结构转型特点，在数字经济要素流通机制、新型生产关系、要素资源配置、产业集聚发展模式等方面开展大胆探索，充分释放新动能
2020 年 4 月	《关于推进“上云用数赋智”行动 培育新经济发展实施方案》②	国家发展改革委、中央网信办	指出大力培育数字经济新业态，深入推进企业数字化转型，打造数据供应链，以数据流引领物资流、人才流、技术流、资金流，形成产业链上下游和跨行业融合的数字化生态体系
2020 年 3 月	《中小企业数字化赋能专项行动方案》③	工业和信息化部	提出以数字化网络化智能化赋能中小企业，助力中小企业疫情防控、复工复产和可持续发展
2020 年 3 月	《关于构建更加完善的要素市场化配置体制机制的意见》④	国务院	将数据作为一种新型生产要素写入政策文件。提出加快培育数据要素市场，推进政府数据开放共享，提升社会数据资源价值，加强数据资源整合和安全保护
2021 年 10 月	《“十四五”电子商务发展规划》⑤	商务部、中央网信办、国家发展改革委	立足电子商务连接线上线下、衔接供需两端、对接国内国外市场的重要定位，通过数字技术和数据要素双轮驱动，提升电子商务企业核心竞争力，做大、做强、做优电子商务产业，深化电子商务在各领域融合创新发展，赋能经济社会数字化转型，推进现代流通体系建设

① 发展改革委就国家数字经济创新发展试验区有关情况答记者问_政策解读_中国政府网（www.gov.cn）。

② 工业和信息化部关于印发《新型数据中心发展三年行动计划（2021—2023 年）》的通知_国务院部门文件_中国政府网（www.gov.cn）。

③ 工业和信息化部办公厅关于印发《中小企业数字化赋能专项行动方案》的通知_国务院部门文件_中国政府网（www.gov.cn）。

④《关于构建更加完善的要素市场化配置体制机制的意见》印发——引导要素向先进生产力集聚_政策解读_中国政府网（www.gov.cn）。

⑤ 商务部 中央网信办 发展改革委关于印发《“十四五”电子商务发展规划》的通知_国务院部门文件_中国政府网（www.gov.cn）。

续表

时间	会议/文件名称	单位	重点内容
2021 年 11 月	《“十四五”大数据产业发展规划》①	工业和信息化部	指出以推动高质量发展为主题，以供给侧结构性改革为主线，以释放数据要素价值为导向，围绕夯实产业发展基础，着力推动数据资源高质量等不断发展打造数字经济发展新优势，为建设制造强国、网络强国、数字中国提供有力支撑
2021 年 7 月	《新型数据中心发展三年行动计划（2021—2023 年）》②	工业和信息化部	指出用 3 年时间，基本形成布局合理、技术先进、绿色低碳、算力规模与数字经济增长相适应的新型数据中心发展格局
2022 年 1 月	《“十四五”数字经济发展规划》③	国务院	以数据为关键要素，以数字技术与实体经济深度融合为主线，加强数字基础设施建设，完善数字经济治理体系，协同推进数字产业化和产业数字化，赋能传统产业转型升级，培育新产业新业态新模式，不断做强做优做大我国数字经济，为构建数字中国提供有力支撑
2022 年 1 月	《数字乡村发展行动计划（2022—2025 年）》④	中央网信办等 10 部门	指出要坚持和加强党对“三农”工作的全面领导，牢牢守住保障国家粮食安全和不发生规模性返贫两条底线，以解放和发展数字生产力、激发乡村振兴内生动力为主攻方向，着力发展乡村数字经济，着力提升农民数字素养与技能，着力繁荣乡村网络文化，着力提高乡村数字化治理效能，为推动乡村振兴取得新进展、农业农村现代化迈出新步伐、数字中国建设取得新成效提供有力支撑

① 工业和信息化部关于印发《“十四五”大数据产业发展规划》的通知_国务院部门文件_中国政府网（www.gov.cn）。

② 工业和信息化部关于印发《新型数据中心发展三年行动计划（2021—2023 年）》的通知_国务院部门文件_中国政府网（www.gov.cn）。

③ 国务院关于印发“十四五”数字经济发展规划的通知_宏观经济_中国政府网（www.gov.cn）。

④ 中央网信办等 10 部门印发《数字乡村发展行动计划（2022—2025 年）》_中央网络安全和信息化委员会办公室（cac.gov.cn）。

续表

时间	会议/文件名称	单位	重点内容
2022 年 12 月	《关于构建数据基础制度更好发挥数据要素作用的意见》①	国务院	以维护国家数据安全、保护个人信息和商业秘密为前提，以促进数据合规高效流通使用、以数据产权、流通交易、收益分配、安全治理为重点，深入参与国际高标准数字规则制定，构建适应数据特征、符合数字经济发展规律、保障国家数据安全、彰显创新引领的数据基础制度，充分实现数据要素价值、促进全体人民共享数字经济发展红利，为深化创新驱动、推动高质量发展、推进国家治理体系和治理能力现代化提供有力支撑
2023 年 2 月	《数字中国建设整体布局规划》②	国务院	数字中国建设按照“2522”的整体框架进行布局，即夯实数字基础设施和数据资源体系“两大基础”，推进数字技术与经济、政治、文化、社会、生态文明建设“五位一体”深度融合，强化数字技术创新体系和数字安全屏障“两大能力”，优化数字化发展国内国际“两个环境”
2023 年 12 月	《数字经济促进共同富裕实施方案》③	国家发展改革委、国家数据局	通过数字化手段促进解决发展不平衡不充分问题，推进全体人民共享数字时代发展红利，助力在高质量发展中实现共同富裕
2024 年 1 月	《“数据要素 ×”三年行动计划（2024—2026 年）》④	国家数据局等 17 部门	以推动数据要素高水平应用为主线，以推进数据要素协同优化、复用增效、融合创新作用发挥为重点，强化场景需求牵引，带动数据要素高质量供给、合规高效流通，培育新产业、新模式、新动能，充分实现数据要素价值，为推动高质量发展、推进中国式现代化提供有力支撑

① 中共中央 国务院关于构建数据基础制度更好发挥数据要素作用的意见_中央有关文件_中国政府网（www. gov. cn）。

② 中共中央 国务院印发《数字中国建设整体布局规划》_最新政策_中国政府网（www. gov. cn）。

③ 关于印发《数字经济促进共同富裕实施方案》的通知_国务院部门文件_中国政府网（www. gov. cn）。

④ 国家数据局等 17 部门联合印发《“数据要素 ×”三年行动计划（2024—2026 年）》_国家发展和改革委员会（ndrc. gov. cn）。

续表

时间	会议/文件名称	单位	重点内容
2024 年 4 月	《加快数字人才培育支撑数字经济发展行动方案（2024—2026 年）》①	人力资源社会保障部等 9 部门	指出用 3 年左右时间，扎实开展数字人才育、引、留、用等专项行动，提升数字人才自主创新能力，激发数字人才创新创业活力，增加数字人才有效供给，形成数字人才集聚效应，着力打造一支规模壮大、素质优良、结构优化、分布合理的高水平数字人才队伍，更好支撑数字经济高质量发展

二、中国数字经济发展规模情况

党的十八大以来，我国数字经济进入了加速发展时期，实现了高质量发展的显著成效，规模由 2015 年的 18.6 万亿元增长至 2023 年的 53.9 万亿元，规模扩张了近 2.9 倍。在一系列积极政策推进下，我国数字经济发展稳步提升，2023 年数字经发展规模较 2022 年增长 3.7 万亿元，增幅持续稳定。中国 2015—2023 年数字经济规模及占GDP比重如图 4－1 所示。

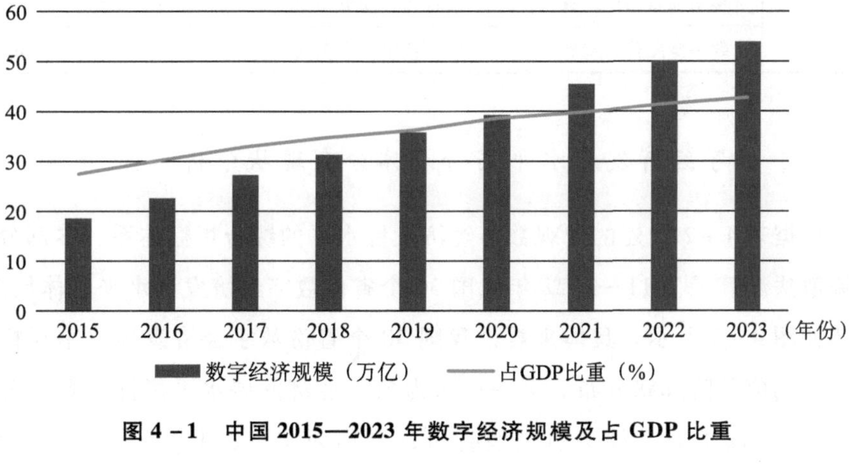

图 4－1　中国 2015—2023 年数字经济规模及占 GDP 比重

① 《加快数字人才培育支撑数字经济发展行动方案（2024—2026 年）》发布_国家发展和改革委员会（ndrc. gov. cn）。

第三节　中国数字经济发展水平测度分析

本节测度主要从宏观层面（省域层面数字经济指标）和微观层面（企业视角数字经济指标）衡量中国数字经济发展水平。在宏观层面，借鉴赵涛等（2020）和刘军等（2020）已有的相关研究，采用数字经济综合发展指数作为衡量标准。该指标主要包括互联网普及率、互联网相关从业人员、互联网相关产出、移动互联网用户数和数字金融普惠发展五个方面，具体指标信息如表4－2所示。研究样本主要包括30个省份和296个城市（由于部分城市数据缺失，从魅力城市划分中选取296个城市样本）。

表4－2　　　　宏观数字经济发展水平指标评价体系

一级指标	二级指标	指标说明	单位	属性
数字经济	互联网普及率	每百人互联网用户数	户/百人	正
	互联网相关从业人数	计算机服务和软件从业人员占比	%	正
	互联网相关产出	人均电信业务总量	万元	正
	移动互联网用户数	每百人移动电话用户数	户/百人	正
	数字金融普惠发展	中国数字普惠金融指数	—	正

一、数字经济发展水平省份总体分布现状分析

根据表4－2构建的宏观数字经济发展水平的综合指标体系，本部分采用熵值法测算了2011—2022年我国30个省份数字经济发展水平总体情况，具体如图4－2所示。具体来看，我国30个省份数字经济发展水平在样本区间内均值呈阶梯状分布。第一梯队为数字经济发展水平指标测算得分在0.3以上，属于数字经济引领型省份，分别为北京、上海、浙江、广东、江苏、福建和天津，与其他省份有较大的差异，位于全国省份的领先地位。第二梯队为数字经济发展指标测算得分在0.3以下及0.15以上，属于数字经济均衡成长型省份，分别为陕西、海南、辽宁、重庆、宁夏、内蒙

古、四川、山东、湖北、吉林、青海、山西和河北，其数字经济发展水平发展状况分布较为均匀，成长潜力较大。第三梯队为数字经济发展水平指标测算得分在0.15以下，属于发展培育型省份，分别为新疆、黑龙江、安徽、广西、云南、甘肃、河南、江西、湖南和贵州，其数字经济发展水平处于较低地位，有待提升。通过对比可以发现，数字经济发展水平较高的省份主要集中于国内经济发展水平较高的地区，其中北京、上海、浙江、广东、江苏、福建和天津在2021—2023年人均GDP始终位于全国前七位①。可见地区数字经济发展程度与当地经济综合实力发展水平具有较高的相关性，进一步验证了数字经济是推动经济发展的关键引擎，而坚实的经济基础是数字经济发展的强大根基。

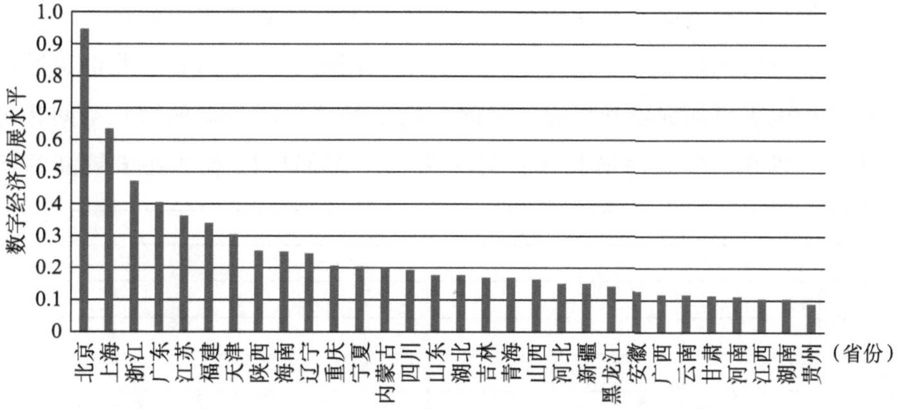

图4－2　中国30个省份总体数字经济发展水平

二、数字经济发展水平省份空间分布现状分析

为探究我国各个地区数字经济发展水平的空间分布状况，本部分将我

① 北京、上海、浙江、广东、江苏、福建和天津近三年的人均GDP如下：

2021年：18.39万元/人、17.38万元/人、11.39万元/人、9.7万元/人、13.73万元/人、11.75万元/人、11.32万元/人；

2022年：19.01万元/人、17.94万元/人、11.88万元/人、10.18万元/人、14.45万元/人、12.68万元/人、11.88万元/人；

2023年：20.03万元/人、19.07万元/人、12.55万元/人、10.72万元/人、15.06万元/人、12.98万元/人、12.28万元/人。

国省份依据国家统计局统计制度及分类标准（四），划分为东部、中部、西部和东北部四大区域①。图 4－3 为 2011—2022 年我国全国整体和四大地区数字经济发展水平对比图。首先，从时间趋势上来看，全国整体和四大区域数字经济发展水平始终处于稳定的波动中，样本期间内，全国总体数字经济发展水平从 0.2385 变动到 0.2510，增长率为 5.23%，均值为 0.2410，东部、中部、西部和东北部地区的变动分别为 0.4201 到 0.4175、0.1070 到 0.1662、0.1450 到 0.1786 和 0.2263 到 0.1312，增长率分别为 －0.79%、55.37%、20.76% 和 －42.01%，其均值分别为 0.4050、0.1332、0.1657 和 0.1865。因此，从时间趋势变动来看，数字经济发展水平在地区之间存在较大的差异且表现为“东部高，中部、西部、东北部地区低”空间分布特征。一方面，东部和东北部地区数字经济发展水平较高，在面临数字经济发展带来的数字化转型和产业结构调整时，东部和东北部地区的经济结构由于更加成熟和稳定，因此在数字经济发展方面的增长空间相对较小，所以开始出现负增长率；另一方面，东部地区本身处于较高的经

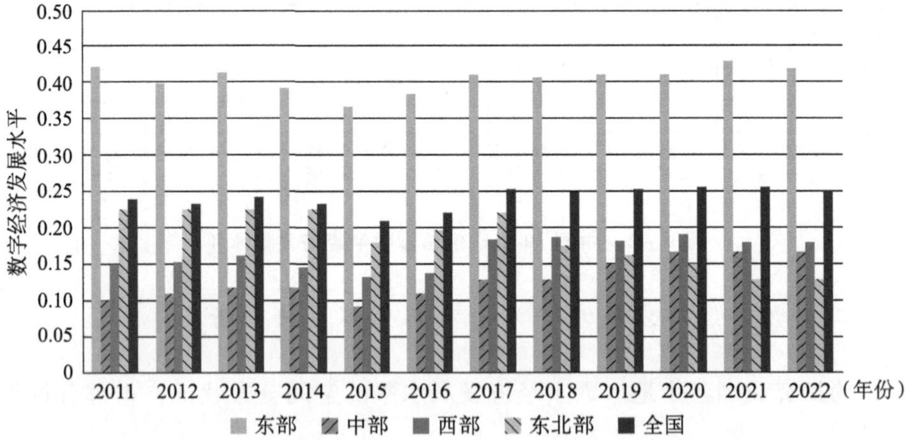

图 4－3 2011—2022 年中国四大地区数字经济发展水平对比

① 东部、中部、西部和东北部地区的具体划分为：东部地区包括北京、天津、河北、上海、江苏、浙江、福建、山东、广东和海南 10 省（市）；中部地区包括山西、安徽、江西、河南、湖北和湖南 6 省；西部地区包括内蒙古、广西、重庆、四川、贵州、云南、西藏、陕西、甘肃、青海、宁夏和新疆 12 省（区、市）；东北部地区包括黑龙江、吉林和辽宁 3 省。为方便分析，在本书异质性分析中将东北部地区的黑龙江和吉林纳入中部地区，辽宁纳入东部地区。

济发展水平，影响数字经济领域的发展速度，而中部和西部地区存在更多的发展机遇和潜力，因此数字经济发展增速相对较高。此外，从各个年份地区组成部分来看，东部地区的数字经济发展水平始终高于全国总体水平，且远高于其他三大地区。具体到中部、西部和东北部地区，在2017年前，东北部地区略低于全国整体水平，呈现出“东部 > 西部 > 中部”，而2018年后，东北部地区出口产品绿色升级，发展水平开始走下坡路，主要呈现出“西部 > 中部 > 东北部”的特征。

三、数字经济发展水平城市空间分布现状分析

为探究城市层面数字经济发展水平的空间分布状况，本部分将样本所包含的城市根据相关城市划分依据①分为一线城市、新一线城市、二线城市、三线城市、四线城市和五线城市（见表4－3），以分析数字经济发展水平在城市划分状态下时间及空间分布状况，结果如图4－4所示。首先，从城市等级划分来看，一线、新一线、二线、三线、四线和五线城市的数字经济发展水平具有显著的差异且呈现依次递减的断层现象。其中，一线城市数字发展水平遥遥领先，始终处于0.4水平之上，远远高于全国平均水平。新一线和二线城市次之，整体处在0.2—0.3，更加接近于全国平均水平。而三线、四线和五线城市数字经济发展水平相对较低，整体处于0.1水平上下波动。其次，从各个城市内部数字经济发展水平的时间变化趋势来看，第一梯队的一线城市（北上广深）2016—2019年呈现出显著的下降趋势，但2019年后，数字经济发展水平呈现出显著的在波动中增长态势。第二梯队的二线和三线城市以及第三梯队的三线、四线和五线城市在样本研究期间内均在平稳波动中整体有所增长，但在2021年后，各个城市划分的数字经济发展水平均呈现出显著的上升态势。可见，城市的数字经济发展水平与其政治地位、经济实力、经济总量、国际影响力紧密正相关。

---

① 城市划分依据：2023年《城市商业魅力排行榜》。

表 4-3　　城市划分依据：2023 年《城市商业魅力排行榜》

城市划分	地　区
一线（4 个）	北京、上海、广州、深圳
新一线（15 个）	成都、重庆、杭州、武汉、苏州、西安、南京、长沙、天津、郑州、东莞、青岛、昆明、宁波、合肥
二线（30 个）	佛山、沈阳、无锡、济南、厦门、福州、温州、哈尔滨、石家庄、大连、南宁、泉州、金华、贵阳、常州、长春、南昌、南通、嘉兴、徐州、惠州、太原、台州、绍兴、保定、中山、潍坊、临沂、珠海、烟台
三线（70 个）	兰州、海口、湖州、扬州、洛阳、汕头、盐城、赣州、唐山、乌鲁木齐、济宁、镇江、廊坊、咸阳、泰州、芜湖、邯郸、揭阳、南阳、呼和浩特、阜阳、江门、银川、遵义、淮安、漳州、桂林、淄博、新乡、连云港、沧州、绵阳、衡阳、商丘、菏泽、信阳、襄阳、滁州、上饶、九江、宜昌、莆田、湛江、柳州、安庆、宿迁、肇庆、周口、邢台、荆州、三亚、岳阳、蚌埠、驻马店、泰安、潮州、株洲、威海、六安、常德、安阳、宿州、黄冈、德州、宁德、聊城、宜春、渭南、清远、南充
四线（90 个）	马鞍山、开封、亳州、丽水、郴州、鞍山、宣城、许昌、衢州、孝感、枣庄、宜宾、邵阳、秦皇岛、泸州、舟山、南平、吉林、龙岩、三明、曲靖、梅州、德阳、湘潭、宝鸡、茂名、焦作、运城、平顶山、榆林、汕尾、怀化、吉安、日照、黄石、淮南、黔东南、鄂尔多斯、包头、韶关、永州、乐山、东营、晋中、滨州、营口、张家口、恩施、大庆、汉中、抚州、娄底、十堰、河源、毕节、咸宁、锦州、景德镇、眉山、大理、西宁、玉林、盘锦、临汾、衡水、黄山、红河、黔南、承德、濮阳、益阳、阳江、长治、齐齐哈尔、大同、铜仁、赤峰、内江、达州、北海、荆门、西双版纳、铜陵、遂宁、鄂州、佳木斯、淮北、漯河、延边、牡丹江
五线（128 个）	昭通、凉山、广安、丹东、六盘水、拉萨、辽阳、延安、铁岭、葫芦岛、抚顺、玉溪、百色、保山、萍乡、广元、三门峡、新余、湘西、晋城、天水、绥化、自贡、池州、朝阳、忻州、随州、吕梁、张家界、呼伦贝尔、丽江、云浮、普洱、梧州、鹰潭、本溪、庆阳、鹤壁、四平、德宏、贵港、安顺、安康、通化、钦州、楚雄、文山、通辽、资阳、酒泉、巴音郭楞、喀什、伊利、黔西南、松原、阜新、阿克苏、巴中、锡林郭勒、河池、定西、巴彦卓尔、鸡西、乌兰察布、雅安、来宾、白山、贺州、黑河、攀枝花、临沧、阳泉、克拉玛依、嘉峪关、乌海、白银、张掖、双鸭山、平凉、白城、吴忠、商洛、防城港、昌吉、和田、铜川、陇南、鹤岗、朔州、辽源、七台河、崇左、伊春、兴安、石嘴山、阿拉善、哈密、金昌、林芝、固原、临夏、海西、儋州、怒江、武威、昌都、博尔塔拉、塔城、大兴安岭、中卫、阿勒泰、海东、迪庆、日喀则、甘孜、吐鲁番、阿坝、山南、甘南、阿里、果洛、那曲、三沙、海南、海北、玉树、克孜勒苏、黄南

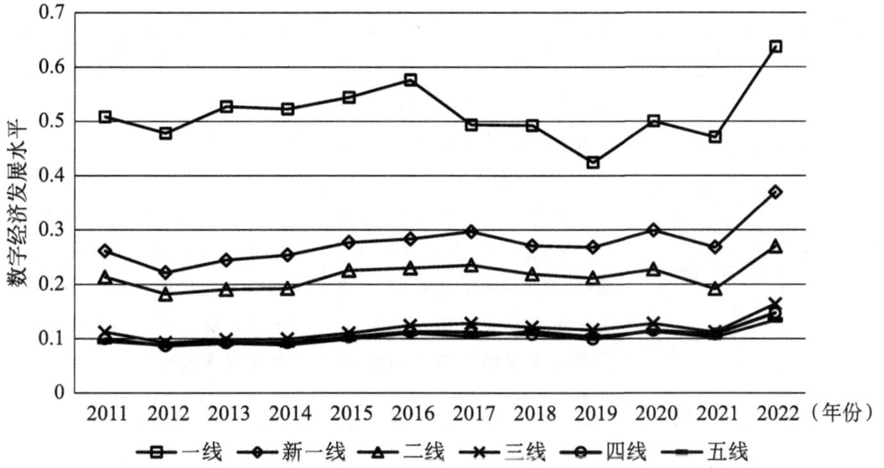

图 4－4　2011—2022 年中国城市划分数字经济发展水平变化

四、数字经济发展水平之企业数字化转型案例分析

表 4－4 展示了三大产业中，通过运用数字化技术实现企业转型的案例，将理论与实践相结合。通过引入先进的数字技术，企业不仅实现了理论上所设想的效率提升，还在实际操作中验证了其可行性和有效性。这种转型不仅提高了生产率，还使企业具备了更强的市场适应能力，为持续创新和竞争奠定了基础。

表 4－4　　三大产业相关企业数字化转型案例分析

所属产业	单位	数字化技术运用	成果表现
第一产业	德康集团农牧行业采购数字化转型标杆客户案例分享	甄云科技走进现代农牧和高端食品产业。通过搭建一站式的数字化采购管理平台，助力构建全新的数字化采购管理体系和模式	1. 流程实现自动化。提高采购效率的同时降低错误频率； 2. 更加精确的数据分析。人工数据收集分析升级为系统自动留存，便于调取查询和分析； 3. 对供应商的管理和评估更加精细化。对供应商的全生命周期、绩效考核等全方位留痕，记录供应商之间的采购业务过程

续表

所属产业	单位	数字化技术运用	成果表现
第二产业	中裕铁信交通科技股份有限公司橡胶制品事业部	通过信息化技术手段，全面采集生产制造过程的工艺参数、质量判定结果等信息，对重点产品、工序在线质量管控；通过统计实时数据，提前识别和评估潜在网络威胁；通过安装使用工业控制信息安全系统，防止数据泄露丢失和生产损失	在工业互联网的技术支持下，公司推出了智能桥梁支座的新产品，每一件产品从原材料到半成品再到成品，都有自己的条形码，工人和技术人员用手机扫码就可以了解产品的生产流程等信息，生产效率显著提升
第三产业	美的集团家用空调事业部泰国工厂	使用5G专网，使每个生产环节衔接更加流畅；应用5G+AI视觉质检系统，通过激光传感器，可识别零件形状和定位零件位置，一旦发现不合格环节，生产线将及时发出警告	一方面，运行效率由15%提高至20%。5G专网具有广连接和低时延等特性，解决了使用传统通信手段存在的通信中断瓶颈，信息传递更流畅，能实时传输数以百万计的生产指令。另一方面，5G+AI视觉质检系统的应用，返工率降低了75%
	山东罗赛罗德健康产业有限公司	通过大数据、云计算、AI以及数字控制等赋能运动健身，支持互动式直播以及远程私教，可以实现AI辅助下的远程一对一实战教学。同时在生产上构建“市场数据+生产协同数据+智能制造执行数据”的全流程数据化管理系统	通过数据分析，打通从研发、生产到物流、销售的信息壁垒，缩短了交货周期（从30天缩短到14天）。将健身器材产业不断迈向高端化与设备的现代化和生产线的数字化紧密联系在一起
	南京师范大学商学院：适应数字化转型创新商科学生学习模式	通过VR商业模拟、商业案例分析和数字化转型的实地考察来进行“数字技术+专业学习”的实践；通过对数字工具和软件的熟练操作、运用大数据分析进行决策、利用人工智能推动商业创新等，借助数字技术解决复杂商业问题	培养商科学生将所学知识应用于实际情境的实践能力；培养在数字化转型的时代，数字技术应用能力

通过对案例梳理，可以得出以下三点：第一，企业成功的数字化转型依赖于先进技术的有效应用，如通过人工智能、物联网和大数据分析，线上线下融合的策略，显著提高运营效率和提升客户体验与满意度，增强品牌认知力。第二，企业重视数据驱动决策，优化管理流程，从而增强企业的竞争力。第三，数字经济时代要求企业全球布局与数字化转型相结合，这已成为一种趋势和必然。总体而言，案例中强调了数字化转型对企业持续发展的关键作用。在政策理论的指导下，数字化转型不仅是企业发展的必然趋势，也是中国经济高质量发展的重要驱动力。

第四节　本章小结

本章首先对数字经济相关概念及特征、数字经济理论及政策体系和数字经济统计测度及其影响效应的相关国内外研究文献进行梳理。接着描述了数字经济发展典型事实与特征。一方面，梳理了数字经济相关会议及政策阐释，并对中国数字经济发展的总体规模进行了分析。另一方面，测度了不同层面的数字经济发展水平，主要从省域层面、城市层面进行数字经济发展水平空间分析。最后列举了企业数字化转型案例，总结企业层面数字经济发展的事实，为后续研究奠定现实基础。

第五章　中国进口高质量发展典型事实与特征

第一节　国内外研究现状

一、对外贸易高质量和出口高质量相关文献梳理

相关学者的研究主要集中在对外贸易高质量和出口高质量等方面。首先，对外贸易高质量的研究主要包括高质量发展指标测度。一方面，以Mlachila等（2014）提出的通过构建包括增长在内的在性质和社会层面的增长质量指数（QGI）来测量经济发展水平为基础（师傅和任保平，2018；徐盈之和童皓月，2019；李瑶等，2022）；另一方面，以五大发展理念为基础，构建高质量发展水平指标体系（詹新宇和崔培培，2016；邹一南和赵俊豪，2017；魏敏和李书昊，2018；徐志向和丁任重，2019；张涛，2020）。其次，关于出口高质量发展水平的相关研究，主要包括对出口质量的指标测算与影响因素研究。李坤望和王有鑫（2013）通过单位价值构建出口质量，探讨了FDI促进出口产品质量升级的微观机制；李秀芳和施炳展（2016）通过反推法测算出口质量，并对中国出口产品质量的决定因素和提升机制进行研究；张洋（2017）通过事后推理方法构建指标，证明了政府补贴能够提升企业出口产品质量；魏方（2019）通过多维度优势构建出口质量指标，探究了中国出口质量的空间分布与阶梯动态典型事实。

二、进口质量的相关文献梳理

现有文献鲜有进口高质量的研究，大多数是关于进口质量的探讨。一方面是进口质量的决定因素。“一带一路”作为政策试点冲击、知识产权保护、降低关税等均对进口质量产生影响（李磊和马欢，2022；方杰炜等，2023；魏浩和李晓庆，2019；Cuezi 等，2015）；另一方面是高质量进口产生的影响。例如，高质量进口能够在一定程度上节约成本、提升本土企业对高技能劳动者的需求，并对社会流动产生抑制作用（刘航和杨丹辉，2020）；制造业进口质量的提高可显著提升其出口质量以及区域价值链地位（王绍媛和冯之晴，2023）。

第二节　中国进口高质量发展情况

本节重点分析中国进口市场、货物进口、服务进口、数字贸易进口、高新技术产品进口及进口便利化水平，分别从进口主要贸易伙伴国进口规模、进口产品结构、进口增长率等维度进行分析。

一、进口市场

由表 5 - 1 看出，2019—2023 年中国进口商品主要国别（地区）排名前十的国家并未发生很大变动，排名前三的国家始终为韩国、日本和美国，仅三者之间的排序发生变化，澳大利亚稳居第四位，俄罗斯在 2023 年超越长居第五位的德国。从进口额来看，虽然 2023 年美国和韩国排名前二，但相对于 2022 年的进口额有较为明显的下降。而情况及其排名的变化是多因素综合作用的结果，包括双边和多边贸易关系、全球供应链的调整、地缘政治因素以及国内外市场需求的变化等。如韩国作为中国的近邻，在电子、汽车零部件等高科技产品领域与中国有广泛的贸易往来，这可能是其长期占据中国进口额前列的原因；而从美国的进口额在 2023 年下降可能与中美之间的贸易摩擦加剧有关。

表 5－1　中国 2019—2023 年进口商品主要国别（地区）情况及排名　单位：亿美元

年份	2019		2020		2021		2022		2023	
排名	进口国	进口额	进口国	进口额	进口国	进口额	进口国	进口额	进口国	进口额
1	韩国	1735.75	日本	1748.74	韩国	2134.87	韩国	1996.67	美国	1641.6
2	日本	1717.63	韩国	1727.6	日本	2055.53	日本	1844.97	韩国	1617.5
3	美国	1227.14	美国	1349.08	美国	1795.31	美国	1776.44	日本	1604.75
4	澳大利亚	1214.32	澳大利亚	1148.37	澳大利亚	1648.24	澳大利亚	1420.91	澳大利亚	1553.85
5	德国	1051.09	德国	1052.61	德国	1199.29	德国	1113.99	俄罗斯	1291.39
6	马来西亚	718.28	巴西	840.84	巴西	1104.49	巴西	1095.22	巴西	1224.21
7	俄罗斯联邦	610.53	沙特阿拉伯	390.33	印度尼西亚	637.61	沙特阿拉伯	780.46	德国	1062.12
8	新加坡	352.15	印度尼西亚	373.7	沙特阿拉伯	569.85	印度尼西亚	777.7	印度尼西亚	742.15
9	印度尼西亚	340.62	法国	296.9	法国	391.33	瑞士	497.14	沙特阿拉伯	643.7
10	法国	325.81	意大利	222.48	瑞士	378.78	加拿大	423.83	瑞士	537.63

二、进口贸易

据海关总署统计，2023 年中国进口 2.56 万亿美元，国际市场份额 10.6%，较 2022 年微增，连续 15 年保持全球第二。2023 年中国参与跨境电商进口的消费者人数已达 1.63 亿。持续扩大进口，发挥进口贸易作用，不仅为生产提供优质供给，更为满足人民的高质量消费奠定基础。以下将重点分析 2014－2023 年中国货物贸易发展、服务进出口及类别情况。

从图 5－1 可以看出，中国货物贸易的进出口总额与进口总额整体上都呈波动上升态势，但进出口总额增长幅度要大于进口总额增长幅度，与 2014 年相比，进出口总额增幅为 38.0%，进口总额增幅为 30.5%。其中进出口总额和进口总额都在 2017 年和 2021 年显著增长，且在 2015 年、2016 年和 2023 年都出现下降。此外，中国货物进出口贸易差额呈扩大态势。

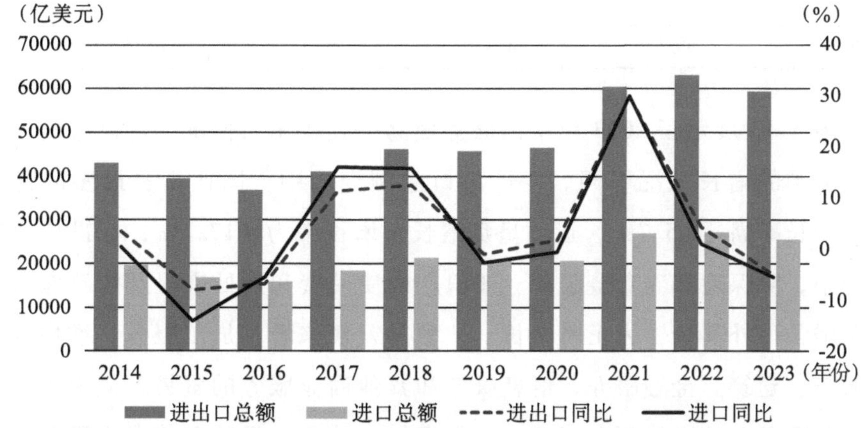

图 5－1　2014—2023 年中国货物贸易进出口总额、进口总额及同比情况

由表 5－2 可知，中国服务贸易进出口总额与进口总额变动呈上升趋势，2014—2018 年增长较为稳定，2019 年有所下降，2020 年因疫情影响出现较大幅度下降，之后又开始回升，同比增长率在不同年份有显著波动。服务贸易差额在 2014—2019 年逐步扩大，2020 年、2021 年因疫情管制出口下降幅度大于进口额，贸易差额有所减少，但 2023 年又有所扩大。中国的服务贸易长期存在逆差，这表明中国在服务贸易领域的需求大于供给，需要通过进口来满足。同时随着中国经济的发展和居民收入水平的提高，消费者对高质量服务的需求增加，这推动了服务进口的增长。

表 5 – 2 2014—2023 年中国服务进出口总额、进口总额及同比情况

年份	进出口总额（亿美元）	同比（%）	进口总额（亿美元）	同比（%）	贸易差额
2014	6520	21.3	4329	30.9	–2137
2015	6542	0.3	4355	0.6	–2169
2016	6616	1.1	4521	3.8	–2426
2017	6957	5.1	4676	3.4	–2395
2018	7965	14.5	5250	12.3	–2536
2019	7850	–1.4	5014	–4.5	–2178
2020	6617	–15.7	3811	–24	–1005
2021	8212	24.1	4270	12	–327
2022	8891	8.3	4650	8.9	–410
2023	9331	4.9	5520	18.7	–1709

表 5 – 3 展示了 2023 年中国服务贸易分类进出口情况，可以看出不同服务类别的增长状况不同。在进出口总额变动中，同比增长最多的是旅行，增长率高达 65.7%，运输呈负增长，增长率为 –17.7%；在进口总额变动中，除保险和养老金服务、知识产权使用费和别处未提及的政府服务呈负增长以外其余皆为正向增长。从贸易差额来看，加工服务、维护和维修服务、建筑、金融服务、信息服务和其他商业服务的贸易差额为正，说明这几项服务的出口额大于进口；而运输、旅行、保险和养老金服务、知识产权使用费、文化和娱乐服务以及别处未提及的政府服务的进口额大于出口额。

表 5 – 3 2023 年中国服务分类进出口情况 单位：亿美元

服务类别	进出口		进口		贸易差额
	金额	同比（%）	金额	同比（%）	
加工服务	184.6	–14.9	9.1	9	166.5
维护和维修服务	158.4	25.8	58.6	35.4	41.1

续表

服务类别	进出口		进口		贸易差额
	金额	同比（%）	金额	同比（%）	
运输	2583.2	-17.7	1712.5	1.4	-841.8
旅行	2108.2	65.7	1962.6	66.8	-1817
建筑	392.9	9.6	78.7	3.6	235.4
保险和养老金服务	243.8	-3.8	172.7	-17.3	-101.6
金融服务	80.9	-8.4	37.7	0.5	5.5
知识产权使用费	534.7	-7.3	424.9	-4.4	-315.2
电信、计算机和信息服务	1290.1	3.9	386.7	1.7	516.7
其他商业服务	1651.1	8.4	606.4	15.6	438.4
个人、文化和娱乐服务	58.5	33.1	40.3	54.3	-22.2
别处未提及的政府服务	44.7	-15.4	29.7	-17.5	-14.8

综上可以看出，中国的货物贸易和服务贸易进口均呈现出一定的增长趋势，但也面临着结构调整和外部环境变化的挑战。中国的进口贸易发展受到全球经济形势、国内政策导向、市场需求变化等多种因素的影响。

三、数字贸易进口

据《中国数字服务贸易发展报告 2024》，2023 年中国可数字化交付的服务进口额约为 1668.6 亿美元，同比增长 2.9%，这表明中国在数字服务领域的进口需求持续增长；跨境电商进出口总额达到 2.37 万亿元人民币，其中进口额为 5335 亿元人民币，增长 1.1%，显示跨境电商在数字贸易进口中扮演着重要角色；在数字技术贸易领域，中国电信、计算机和信息服务贸易规模约为 1290.1 亿美元，其中进口 386.7 亿美元，增长 1.7%；在数据贸易领域，中国数据生产总量预计超过 32ZB，数据中心机架总规模超过 105 万标准机架，平均上架率达到 61.9%。这些都说明数字贸易的增长潜力正在加快释放。

从地区来看，东部地区在中国数字贸易中占据主导地位，2023 年可数字化交付服务进出口规模达 3530. 7 亿美元，全国占比高达 91. 5%，其中进口规模排名前五位的省市为上海、广东、北京、江苏和浙江；中部、西部地区增长潜力进一步释放，2023 年可数字化交付服务进出口规模达 233. 2 亿美元，其中出口 143. 4 亿美元，进出口规模排名前五位的省市为四川、湖北、重庆、安徽和陕西；东北部地区稳步发展，2023 年可数字化交付服务贸易规模为 95. 2 亿美元，其中出口 45. 2 亿美元，进出口规模排名依次为辽宁、吉林和黑龙江。

综上所述，中国数字贸易进口在整体上呈现增长趋势，东部地区尤其是上海、广东、北京等省份在数字贸易进口中占据重要地位，而中部、西部和东北部地区也在逐步释放增长潜力。

四、高新技术产品进口

从图 5 – 2 可以看出，2016—2023 年中国高新技术产品进口金额波动上升，从 2016 年的 52378317 万美元增长至 68046984 万美元，于 2021 年达到峰值 83733850 万美元。其中 2017 年、2018 年和 2021 年呈正增长，且同比增长率较高，2016 年、2019 年、2022 年和 2023 年呈负增长，整体上经历了增长和下降的周期性变化，没有呈现出明显的长期增长或下降趋势。

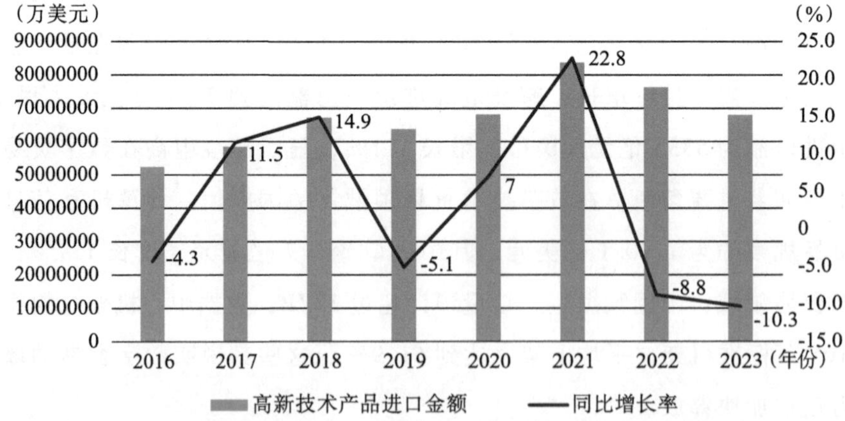

图 5 – 2　2016—2023 年中国高新技术产品进口总额及同比情况

综合以上分析，中国进口贸易发展正呈现规模增长的发展势头，且进口贸易结构不断优化，特别是在高新技术产品和数字服务领域，进口金额的增长表明中国正积极引进先进技术和知识，以促进国内产业升级和经济结构调整。且中国正努力实现进口市场多元化，减少对单一市场的依赖，这有助于降低进口贸易风险。但中国进口贸易也存在一些问题。服务贸易在中国进口贸易中的比重相对较低，特别是在金融、教育、医疗等高附加值服务领域，需要进一步开放市场，提高服务进口的质量和规模。中国东部地区的进口贸易发展较为成熟，而中部、西部和东北部地区则相对滞后，中国进口高质量发展仍任重道远。

五、进口便利化

（一）进口贸易便利化政策

1. 积极扩大进口

2018 年 7 月，商务部发布了《关于扩大进口促进对外贸易平衡发展的意见》，提出了 15 条具体政策，旨在优化进口结构、促进生产消费升级，更好发挥进口对满足人民群众消费升级需求、加快体制机制创新、推动经济结构升级、提高国际竞争力等方面的积极作用，在稳定出口的同时进一步扩大进口，促进对外贸易平衡发展，推动经济高质量发展。

该意见包括降低日用消费品、医药和康复、养老护理等设备进口关税，以满足居民消费升级需求，强调了通过降低部分商品进口税率、减少中间流通环节、清理不合理加价来提高人民生活水平。此外，意见还提出了办好中国国际进口博览会、持续发挥外资对扩大进口的推动作用、推动对外贸易与对外投资有效互动、创新进口贸易方式等措施，以改善进口贸易自由化便利化条件。

2. 深化跨境进口贸易便利化改革

2015 年 9 月 4 日，中国正式递交接受书，标志着中国已完成接受《贸易便利化协定》议定书的国内核准程序，成为第 16 个接受议定书的成员。2021 年中国对《贸易便利化协定》规定措施的实施率已达 100%。中国全面履行入世承诺，2010 年有关降税承诺履行完毕，所有商品的平均进口关税水平从 2001 年的 15.3% 降至 2010 年的 9.8%。经过进一步自主降税，2021 年中国进口关税总水平达到 7.4%。

2021 年，中国政府网发布了《关于进一步深化跨境贸易便利化改革优化口岸营商环境的通知》，其中提出了推进海关全业务领域一体化、优化进出口货物通关模式、深入推进“主动披露”制度和容错机制实施、深化税收征管改革等措施。这些措施旨在通过整合简化报关单申报项目、支持企业自主选择进出口申报模式、推广多元化税收担保方式等，进一步提升出口退税便利度，合理调整和精简进出口环节监管证件，从而降低进出口环节费用，提高口岸收费的规范化、透明化水平。

2023 年 5 月，海关总署会同相关部门部署动员开展为期 5 个月的促进跨境贸易便利化专项行动。此次行动主要包括深化“智慧口岸”建设和口岸数字化转型、支持外贸产业升级和新业态健康发展、提升跨境通关物流链供应链安全畅通水平、规范和降低进出口环节合规费用、提升外贸经营主体获得感和满意度等 5 方面 19 项措施。通过支持各地加强“智慧口岸”建设和通关模式改革试点、推动加工贸易提档升级、持续推进港航物流类作业环节单证无纸化和交接便利等，进一步降低通关时间和成本。据海关总署统计，2021 年 12 月，全国进口整体通关时间压缩至 32.97 小时，比 2017 年压缩了 66.14%。

3. 优化口岸营商环境

2024 年，海关总署推出了 16 条措施优化口岸营商环境以促进企业通关便利。措施聚焦于企业降本提效激活力，如促进高级认证企业享惠升级，强化海关“经认证的经营者”（AEO）企业便利措施落实，建设中国海关优惠原产地服务平台，助力企业提升自贸协定利用水平；落实重大技术装备等进口税收优惠政策，支持先进技术设备进口。同时，措施还包括优化通关作业流程、提升跨境物流效率等方面，如开展进口货物通关模式改革优化，深入推进铁路快速通关模式应用，加快推进“组合港”业务模式优化，扩大“离港确认”适用范围和应用规模，支持符合条件的口岸开展“联动接卸”；深化进出口货物“远程属地查检”和“批次检验”监管模式改革，不断扩大“远程属地查检”试点产品范围，提升查检效能。此外，加快推进智慧口岸建设，深化国际贸易“单一窗口”跨境贸易一站式综合服务平台建设，持续提升跨境进口贸易便利化水平。

（二）进口便利化水平

为进一步分析中国进口便利化水平，本书参考已有相关文献，构建进口便利化指数，以交通基础设施、口岸通关效率和市场营商环境为具体的二级指标，并以公路里程、口岸进出口货运量比进出口总额来衡量交通基础设施和口岸通关效率，以市场化指数和新注册企业数来衡量市场营商环境，采用熵值法对 2001 年至 2022 年中国 30 个省份进口便利化水平进行测度分析。图 5－3 为中国省域进口便利化水平均值情况。从图中可以看出中国进口便利化水平呈现持续上升态势，从 2001 年的 0.02 增长至 2022 年的 0.11，进口便利化明显改善。可见，中国自入世以来通过降低进口关税、全面实施世贸组织《贸易便利化协定》、建立进口平台、持续精简进口环节监管证件、不断压缩进口货物整体通关时间、自贸协定和自贸试验区建设有力推进进口贸易便利化工作等相关促进政策以及提升进口自由化便利化水平等措施，有效推动了中国进口便利化的改善，为进口创造了良好的环境，促进了进口贸易便利化水平的持续提升。

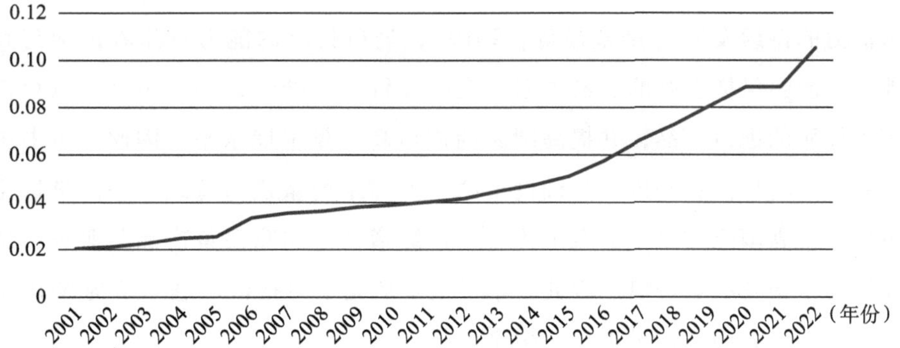

图 5－3　2001—2022 年中国进口便利化水平

第三节　中国进口高质量发展水平测度分析

一、指标设计

（一）指标体系构建

本书主要从进口开放、进口福利、进口持续和进口竞争四个方面构建中国进口高质量发展水平评价指标体系。其中，表5－4为中国进口高质量发展水平具体的指标选取与衡量。具体而言，进口开放是实现国家进口高质量发展水平的基础和前提。通过开放市场，引入更多高品质、先进的进口商品和服务，促进国家产业的升级和技术进步。因此，本书主要以代表经济发展水平的进口规模、可以反映对进口贸易依赖程度的进口依存度和进口便利化来衡量进口开放。其中，进口便利化主要从交通基础设施、口岸通关效率和以市场化指数与新注册企业数代表的市场营商环境来衡量。进口福利能够促进国家进口高质量发展水平，当国家允许更多的商品和服务进口时，国外的供应商之间的竞争促使他们提供更高质量的产品与服务，从而提高国家的进口高质量发展水平。因此，本书主要从进口多样化和进口技术含量两方面衡量进口福利水平。高质量发展必须是国民经济充满活力的持续发展（李金昌等，2019），进口持续的能力意味着该国与其他国家能够保持良好的贸易关系，在国际贸易中处于有利地位，可以获得更多优质的进口产品，并提高国家的进口高质量发展水平。因此，本书主要从进口增长优势和进口基础设施两个方面来衡量进口持续水平。进口竞争旨在提高国际贸易中的竞争优势，持续增加进口高质量产品与服务，从而提高本国高质量进口。因此，本书主要从竞争力指数、进口结构和 R&D 投入率三个方面来衡量进口竞争水平。

表 5-4 中国进口高质量发展水平评价指标体系

一级指标	二级指标	指标说明	单位	属性
进口开放	进口规模	进口额	万元	正
	进口依存度	进口额/生产总值	—	正
	进口便利化	进口便利化指数	—	正
进口福利	进口多样化	进口国家或地区	个	负
	进口技术含量	机电产品进口额	亿元	正
进口持续	进口增长优势	地区进口增长率 - 总进口增长率	%	正
	进口基础设施	高速公路、铁路里程之和	万公里	正
进口竞争	竞争力指数	(出口额 - 进口额)/(出口额 + 进口额)	—	负
	进口结构	加工贸易进口额	亿美元	正
	R&D 投入率	R&D 经费/第三产业总产值 × 100%	—	正

（二）数据来源

本章主要研究对象是中国 30 个省市，相关数据来源于《中国统计年鉴》《中国口岸年鉴》《中国科技统计年鉴》《中国高技术产业统计年鉴》、爱企查企业统计数据等。对于各省域个别指标缺失数据，本章采用查阅省份相关统计公报、政府官网、线性插值法、均值法等方法进行补充。

二、研究方法

（一）熵权综合评价法

本书采用熵权法对中国进口高质量水平进行指标构建，具体构建步骤如下：

（1）原始数据标准化处理。正属性指标：$r_{ij}=\frac{x_j-x_{min}}{x_{max}-x_{min}}$；负属性指标：$r_{ij}=\frac{x_{max}-x_j}{x_{max}-x_{min}}$。其中，$r_{ij}$为第 j 个指标下第 i 个省份对应年份的评价值，并构建形成标准化后的原始数据矩阵 $R=(r_{ij})m\times n$。

（2）计算每个指标值所占比重（先验概率）p_{ij}。

$$p_{ij}=\frac{r_{ij}}{\sum_{i=1}^{M}r_{ij}}(0\leqslant r_{ij}\leqslant 1) \tag{5-1}$$

(3) 计算各指标的信息熵。熵权 $e_j = -k\sum_{i=1}^{M} p_{ij} \times \ln p_{ij}$，信息效用值 $d_j = 1 - e_j$。

(4) 确定各指标的权重。

$$w_j = \frac{1 - e_j}{\sum_{j=1}^{n}(1 - e_j)} = \frac{d_j}{\sum_{j=1}^{n} d_j} \tag{5-2}$$

(5) 计算各指标的综合得分。

$$Score = \sum_{j=1}^{n}(w_j \times r_{ij}) \tag{5-3}$$

(二) Dagum 基尼系数法

采用 Dagum 基尼系数法（Dagum C.，1997）对测算出的中国进口高质量发展水平指标进行地区差异分析。式（5-4）为基尼系数的基本定义式，其中，$y_{ji}(y_{hr})$ 是 j(h) 地区内某一省份的进口高质量发展水平，式（5-5）在进行基尼系数的分解过程中，对进口高质量发展水平不同地区的均值排序。

$$G = \sum_{j=1}^{k}\sum_{h=1}^{k}\sum_{i=1}^{n_j}\sum_{r=1}^{n_k} | y_{ji} - y_{hr} | / 2n_j^2\bar{y} \tag{5-4}$$

$$\bar{y}_h \leqslant \cdots \bar{y}_j \leqslant \cdots \leqslant \bar{y}_k \tag{5-5}$$

$$G_{jj} = \frac{1}{2\bar{y}_j}\sum_{i=1}^{n_j}\sum_{r=1}^{n_j} | y_{ji} - y_{jr} | / n_j^2 \tag{5-6}$$

$$G_w = \sum_{j=1}^{k} G_{jj} p_j s_j \tag{5-7}$$

$$G_{jh} = \sum_{i=1}^{n_j}\sum_{r=1}^{n_h} | y_{ji} - y_{hr} | / n_j n_h(\bar{y}_j + y\bar{y}_h) \tag{5-8}$$

$$G_{nb} = \sum_{j=2}^{k}\sum_{h=1}^{j-1} G_{jh}(p_j s_h + p_h s_j) D_{jh} \tag{5-9}$$

$$G_t = \sum_{j=2}^{k}\sum_{h=1}^{j-1} G_{jh}(p_j s_h + p_h s_j)(1 - D_{jh}) \tag{5-10}$$

式（5-6）、式（5-7）分别表示 j 地区的基尼系数 G_{jj} 和地区内差异 G_w；式（5-8）、式（5-9）分别表示 j、h 地区的地区间基尼系数 G_{jh} 和地区间净值差异 G_{nb}；式（5-10）为超变密度 G_t，且满足关系式 $G = G_w + G_{nb} + G_t$。其中，$p_j = n_j/\bar{y}$，$s_j = n_j\bar{y}_j/n\bar{y}$（$j = 1, \cdots, k$）。

如式（5-11）、式（5-12）、式（5-13）所示，本书将 D_{jh} 定义为 j、h 地区间的进口高质量发展水平的相对影响。其中，F_j、F_h 分别为 j、h 地区的累计密度分布函数；d_{jh}为进口高质量发展水平地区间的差值；p_{jh}为超变一阶矩。

$$D_{jh} = \frac{d_{jh} - p_{jh}}{d_{jh} + p_{jh}} \tag{5-11}$$

$$d_{jh} = \int_0^{\infty} d F_j(y) \int_0^{y} (y - x) dF_h(x) \tag{5-12}$$

$$p_{jh} = \int_0^{\infty} dF_h(y) \int_0^{y} (y - x) dF_j(y) \tag{5-13}$$

（三）Kernel 核密度估计法

核密度估计（Kernel Density Estimation）是一种用于估计随机变量的概率密度函数的非参数方法，可以刻画随机变量的分布特征。

假定 x_1，x_2，…，x_n 是来自于连续总体 x 且独立同分布的 n 个样本点。在点 x_0 处的概率密度函数 f(x) 的核密度估计量如式（5－14）所示：

$$f_h(x_0) = \frac{1}{nh}\sum_{i=1}^{n} H\left(\frac{x_i - x_0}{h}\right) \tag{5-14}$$

其中，n 为样本观测值的数量，h 为决定核大小的带宽，H(·) 为核函数。本书参考大部分文献的做法，主要选用高斯核函数，借助 Stata 17.0 软件对中国进口高质量发展水平进行分布动态分析。

三、中国进口高质量发展情况分析

（一）中国进口高质量发展水平测度结果分析

图 5－4 描述了 2001—2022 年全国及四大地区[①]的进口高质量发展水平及随年份变动趋势。从研究样本区间内的数值来看，全国的进口高质量发展水平的均值从 2001 年的 0.0520 到 2022 年的 0.0949，总体均值为 0.0805，虽然整体有所提升，但仍然处于较低水平；东部地区的均值从

---

① 东部、中部、西部和东北地区的具体划分为：东部地区包括北京、天津、河北、上海、江苏、浙江、福建、山东、广东和海南 10 省（市）；中部地区包括山西、安徽、江西、河南、湖北和湖南 6 省；西部地区包括内蒙古、广西、重庆、四川、贵州、云南、西藏、陕西、甘肃、青海、宁夏和新疆 12 省（区、市）；东北地区包括辽宁、吉林和黑龙江 3 省。划分依据详见国家统计局统计制度及分类标准（四）。

2001 年的 0.0742 增长至 2022 年的 0.1612，增长幅度较大，总体均值为 0.1431，明显远高于全国整体水平和其他三大地区，并与全国变动趋势保持一致，整体呈现出“波动—上升—下降—缓慢增加”趋势。中部、西部和东北部地区的进口高质量发展水平相差不大，尤其在 2016 年后发展变化态势趋于重合，其 2001—2022 年均值变动分别为 0.0447 到 0.0678、0.0367 到 0.0587 和 0.0487 到 0.0607，总体均值分别为 0.0558、0.0418 和 0.0628，即东北部 > 中部 > 西部，时间样本区间内平稳变动且稳中有升。这表明中国进口高质量发展水平整体处于较低水平，除东部地区外，全国和其他三大地区的进口高质量发展水平尚有较大的发展空间。因此，进口高质量发展水平空间分布明显存在不均衡的特点，呈现出“东部高、中西部和东北部低”的空间分布特征。此外，单从 2019 年以后“下降”的趋势可以看出，由于国际形势，即政策和需求的变化，以及疫情冲击对中国整体和东部地区的进口高质量发展产生了不利的影响，而这种不利的影响在 2021 年后有所减缓并开始回升。

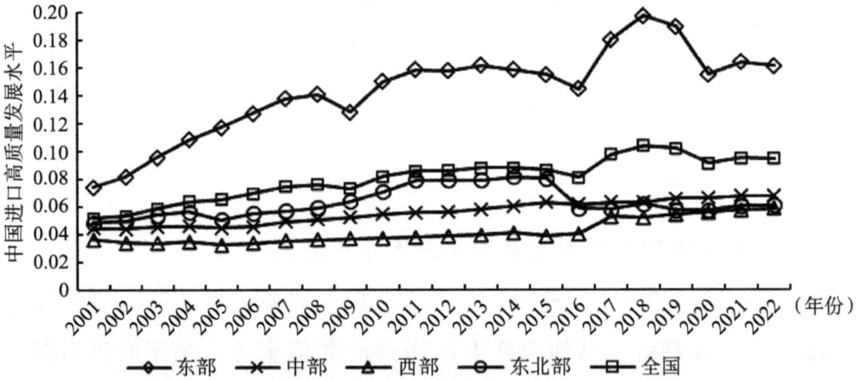

图 5－4　2001—2022 年全国及四大区域进口高质量发展水平的变动趋势

（二）中国进口高质量发展水平的区域差距

为了进一步分析中国进口高质量发展水平的区域差异，本书运用 Dagum 基尼系数法测算 2001—2022 年中国进口高质量发展水平的总体、地区内部、地区间的基尼系数，以及通过贡献率来探讨总体差距来源。具体结果如表 5－5 所示。

表 5 - 5　　2001—2022 年中国进口高质量发展水平的基尼系数及其分解结果

年份	G	地区内差异				地区间净值差异						贡献率（100%）		
	总体	东部	中部	西部	东北部	东部—中部	东部—西部	东部—东北部	中部—西部	中部—东北部	西部—东北部	区域内部	区域之间	超变密度
2001	0. 228	0. 242	0. 085	0. 117	0. 066	0. 23544	0. 26963	0. 23152	0. 11982	0. 08409	0. 08409	23. 267	72. 109	4. 624
2002	0. 272	0. 275	0. 059	0. 150	0. 077	0. 27114	0. 32514	0. 26571	0. 13526	0. 07431	0. 16217	22. 823	74. 181	2. 996
2003	0. 311	0. 293	0. 062	0. 137	0. 083	0. 30288	0. 36554	0. 28921	0. 13758	0. 08235	0. 17130	21. 268	76. 995	1. 736
2004	0. 346	0. 343	0. 064	0. 110	0. 098	0. 35464	0. 39989	0. 34003	0. 12181	0. 09336	0. 15903	21. 810	75. 522	2. 668
2005	0. 397	0. 378	0. 069	0. 152	0. 126	0. 39764	0. 45186	0. 38962	0. 14976	0. 09978	0. 18014	22. 378	73. 626	3. 995
2006	0. 405	0. 379	0. 058	0. 130	0. 124	0. 40583	0. 45747	0. 38981	0. 13694	0. 09646	0. 17654	21. 752	75. 119	3. 129
2007	0. 404	0. 376	0. 034	0. 127	0. 126	0. 39790	0. 45878	0. 38869	0. 13431	0. 07988	0. 17182	21. 605	76. 764	1. 632
2008	0. 400	0. 363	0. 043	0. 129	0. 129	0. 38926	0. 45419	0. 37730	0. 13799	0. 08698	0. 17561	21. 206	77. 461	1. 333
2009	0. 369	0. 349	0. 045	0. 129	0. 103	0. 36216	0. 42676	0. 34850	0. 14031	0. 08226	0. 18310	21. 383	76. 735	1. 882
2010	0. 410	0. 382	0. 042	0. 132	0. 126	0. 40092	0. 46748	0. 38188	0. 14651	0. 10023	0. 20480	21. 564	76. 487	1. 950
2011	0. 422	0. 387	0. 082	0. 164	0. 089	0. 41111	0. 47978	0. 37852	0. 16988	0. 12905	0. 23719	21. 828	75. 959	2. 213
2012	0. 423	0. 399	0. 119	0. 163	0. 088	0. 42073	0. 47960	0. 38852	0. 17624	0. 14895	0. 23136	22. 489	74. 486	3. 025
2013	0. 425	0. 392	0. 108	0. 193	0. 117	0. 41481	0. 48299	0. 38633	0. 19040	0. 14668	0. 24869	22. 497	74. 319	3. 184
2014	0. 417	0. 388	0. 111	0. 203	0. 146	0. 40469	0. 47372	0. 38147	0. 19960	0. 15810	0. 25994	22. 661	72. 888	4. 450
2015	0. 409	0. 354	0. 133	0. 212	0. 198	0. 37355	0. 46375	0. 35620	0. 22076	0. 18070	0. 27758	21. 741	74. 634	3. 624
2016	0. 393	0. 357	0. 124	0. 241	0. 113	0. 36619	0. 44987	0. 37225	0. 22609	0. 12471	0. 23165	23. 249	73. 303	3. 447
2017	0. 413	0. 387	0. 108	0. 214	0. 106	0. 41423	0. 45393	0. 41861	0. 18470	0. 11659	0. 19885	23. 768	70. 849	5. 383
2018	0. 435	0. 394	0. 089	0. 236	0. 109	0. 42816	0. 47808	0. 42572	0. 19683	0. 10142	0. 21636	23. 480	71. 983	4. 537
2019	0. 424	0. 392	0. 093	0. 232	0. 144	0. 41504	0. 46527	0. 42889	0. 20045	0. 12099	0. 21820	23. 776	70. 194	6. 029
2020	0. 386	0. 392	0. 084	0. 258	0. 141	0. 38668	0. 43271	0. 41221	0. 21142	0. 11985	0. 24055	25. 603	63. 444	10. 953
2021	0. 387	0. 387	0. 068	0. 258	0. 141	0. 38674	0. 43431	0. 40800	0. 20685	0. 10713	0. 24023	25. 251	64. 718	10. 031
2022	0. 375	0. 376	0. 085	0. 240	0. 133	0. 37888	0. 41884	0. 39753	0. 20003	0. 11218	0. 22253	25. 114	64. 608	10. 278

1. 总体差距

图 5－5 展示了 2001—2022 年中国进口高质量发展水平的总体差距及地区内差距变动趋势，可以发现，中国进口高质量发展水平的总体基尼系数由 2001 年的 0.228 上升到 2022 年的 0.375，均值为 0.384，但时间变动趋势大致呈现出“上升—波动”，且正处于波动水平的下降阶段。具体而言，总体基尼系数在 2001—2007 年始终处在持续上升阶段，2008—2020 年在不断稳定的小范围内波动，且波动的峰值水平在提升，由 2013 年的 0.425 到 2018 年的最大值 0.435，之后开始下降。整体来看，中国进口高质量发展水平的总体差距波动水平呈现出逐渐缩小的趋势。可见，在复杂严峻的国内外环境的影响下，中国进口贸易发展韧性仍在，进口高质量发展水平的总体差距虽有波动，且 2018 年开始有所下降，但根据波动趋势看，态势向好，为持续推进扩大进口战略提供了坚实的现实基础。

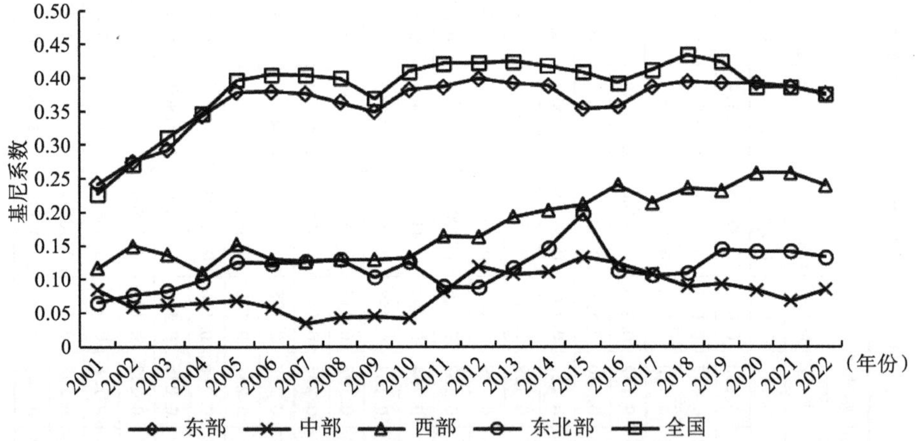

图 5－5　2001—2022 年中国进口高质量发展水平的总体差距及区域内差距变动趋势

2. 区域内差异

2001—2022 年，东部、中部、西部和东北部四大地区的进口高质量发展水平的差距及其变动趋势如图 5－5 所示。东部地区的内部差距最大，基尼系数的均值为 0.363；西部和东北部次之，基尼系数的均值分别为

0.179、0.117；中部的内部差异相对来说最小，基尼系数的均值为0.080。四大地区的基尼系数总体均小于全国的基尼系数水平。其中，东部地区与总体最为接近，且变动趋势保持"上升—波动"，虽然处于波动的下降水平，但下降幅度小于全国水平；西部地区总体表现出"波动—上升"趋势，2009年之前波动，2009年之后虽有小波动但总体呈现出持续上升趋势；东北地区波动幅度较小，除2012—2016年，进口高质量发展水平表现出"先上升后下降"趋势外，东北部地区总体表现出稳定波动的态势；中部地区总体始终处于最低水平，总体呈现出"下降—上升—波动"的趋势。以上的分析可以得出，四大地区的进口高质量发展水平的内部差距存在一定的区域差异。一方面，地区内部城乡之间存在较大的差异；另一方面，地区内部城市之间规模、产业结构和地理位置存在一定的差异。尤其是东部地区，北京、上海等特大经济地区以及沿海港口较多的省市其贸易发展遥遥领先于其他地区，因此内部差异表现更大。此外，由图5-2可知全国及东部、中部、西部和东北部地区内部差异近年来整体有缩小的趋势。

3. 区域间差异

2001—2022年，东部、中部、西部和东北部四大地区之间进口高质量发展水平的差距及其变动趋势如图5-6所示。首先，东部地区与其他三大地区间的差距远远大于其他三大地区间的差异，差距大小水平为东部—西部>东部—中部>东部—东北部，均值分别为0.436、0.378和0.371；从时间变化趋势来看，三者的变动轨迹几乎相同，均呈现出"上升—波动—下降"的趋势。中部—西部、中部—东部和西部—东北部的地区差距大小水平为西部—东北部>中部—西部>中部—东北部，均值分别为0.204、0.170和0.111；从时间变化趋势来看，三者的变动轨迹几乎相同，均呈现出"稳步上升—稳步下降—波动"的趋势，其中西部—东北部和中部—东北部2015开始下降，中部—西部差异自2016年开始下降。从以上的分析可以看出，虽然东部与其他三大地区间的差异最大，但呈现不断地缩小的趋势；其他三大地区之间虽然差距相对较小，总体呈现出差异较为稳定的状态，因此根据波动趋势看，态势向好。

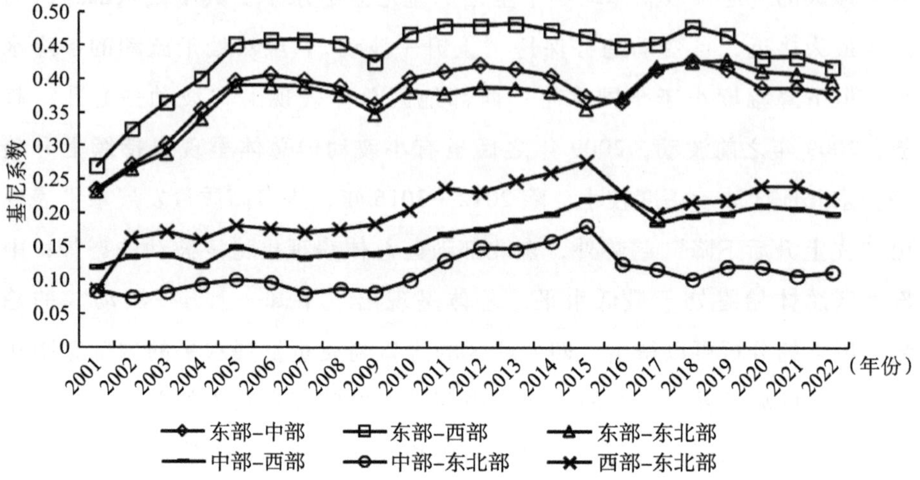

图 5－6　2001—2022 年中国进口高质量发展水平地区间差异及变动趋势

4. 总体差距来源

2001—2022 年，中国进口高质量发展水平的总体差距来源及其贡献率如图 5－7 所示。可以明确看出，在考察样本区间内，贡献度的大小依次为区域间差距贡献率 > 区域内差距贡献率 > 超变密度贡献率。且区域间的贡献率远远大于其他两部分贡献率，并在其之间波动。由此可以看出，中国进口高质量发展水平总体差距产生的原因主要来源于地区间差异。结合图 5－5 可以得出，东部与其他三大地区间的差距水平是造成中国进口高质量发展水平差距过大的主要原因。所以，促进东部地区与其他三大地区进口高质量发展水平的共同提升，缩小区域间差异是解决中国进口高质量发展水平空间分布不平衡的关键因素。

四、进口高质量发展水平的 Kernel 核密度估计

图 5－8 以 2001 年、2008 年、2015 年和 2022 年四个年份为主要时间节点，绘制了核密度曲线，描绘了全国及四大地区省份的中国进口高质量发展水平的动态分布及演变趋势。

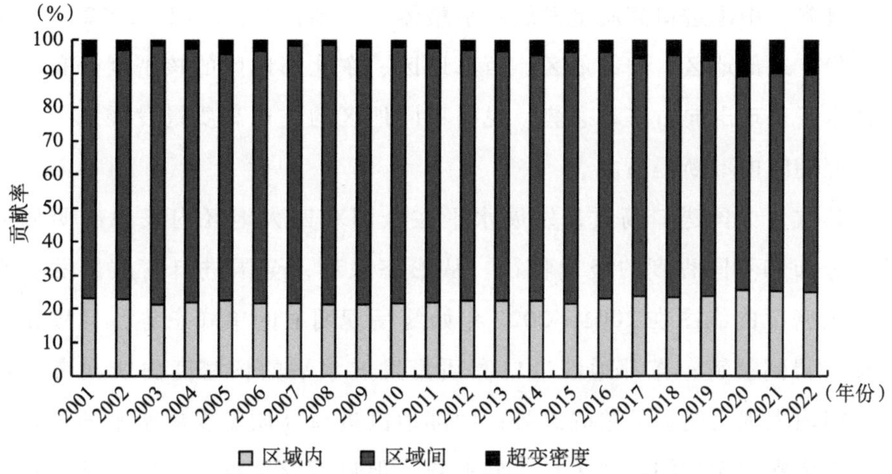

图 5-7　2001—2022 年中国进口高质量发展水平总体差距来源及其贡献率

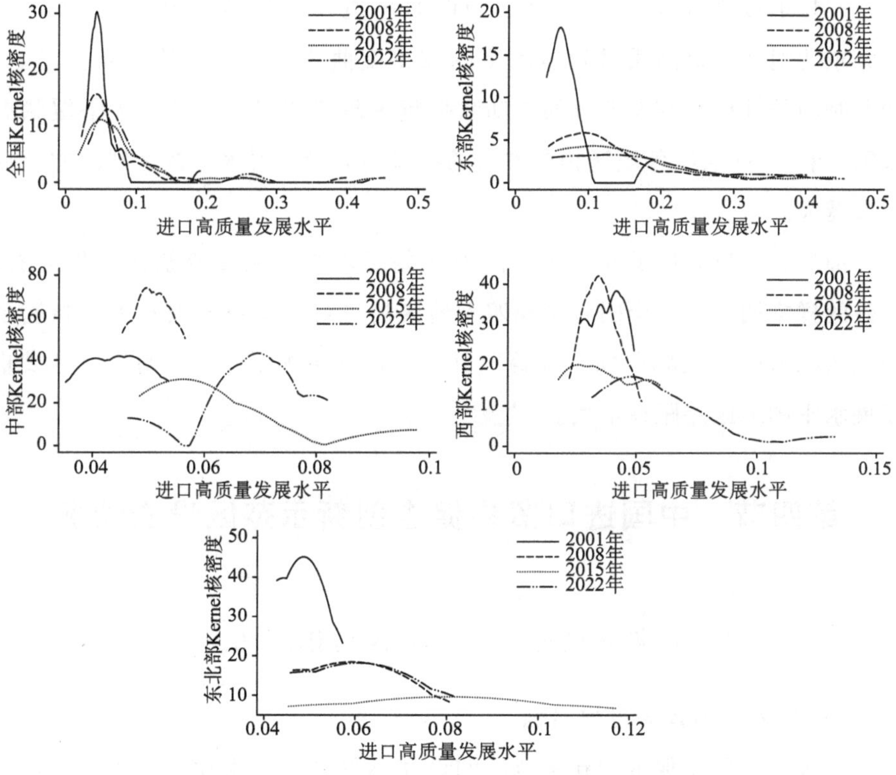

图 5-8　全国及四大地区省份的进口高质量发展水平动态分布

首先，中国进口高质量发展水平整体在不断提高。2001—2022 年，全国省份、东部地区、中部地区、西部地区、东北部地区的核密度分布曲线整体水平表现出向右移动态势，说明不同地区的进口高质量发展水平在样本研究期间内不断提高。

其次，中国进口高质量发展水平在全国和四大地区内表现出明显的偏态分布和不同程度的极化特征。从形态来看，全国进口高质量发展水平的核密度曲线图在 2001—2022 年始终呈现明显的单峰态势，且极化现象逐步得到缓解；东部地区进口高质量发展水平的核密度曲线在考察样本期间内表现为明显的单峰态势；中部地区进口高质量发展水平的核密度曲线在考察样本期间内整体呈单峰态势，但局部存在波动；西部地区在样本考察期的前后年份（2008 年和 2022 年）呈现明显的单峰态势，而中部年份态势由多峰（2008 年）呈现为向右尾拖长（2015 年和 2022 年）趋势；东北地区进口高质量发展水平的核密度曲线在均为单峰分布。但是，随着时间的推移，四大地区的波动水平越来越不明显，逐渐趋于平缓状态（2022 年），这表明各地区相应省份的进口高质量发展水平在区域内的差距越来越大。

最后，进口高质量发展水平的地区差距增大。从峰值整体效果来看，考察的样本期间内，全国省份和四大地区的进口高质量发展水平的核密度曲线的峰形由“尖峰”向“宽锋”转变，波峰更加平缓，表明进口高质量发展水平的地区差距在增大。

第四节　中国进口贸易促进创新示范区设立情况

一、中国进口贸易促进创新示范区总体情况

（一）政策背景与发展目标

中国进口贸易促进创新示范区的设立不仅是中国主动扩大进口的策略体现，更是推动高质量发展、深化对外开放的重要举措。示范区的设立从

东部沿海逐步向中西部及东北老工业基地延伸，每一批次的背后都蕴含着不同的战略思考和实施重点。

最早的示范区设立可以追溯到2011年，上海外高桥综合保税区作为首批示范区的代表，承载了探索新型贸易模式的重任。2002—2010年，中国的进口额迅速增长，成为全球第二大进口国，但与之相伴的却是贸易便利化水平不高、政策不够完善等问题。

这些瓶颈促使国家开始布局进口贸易促进创新示范区，希望通过这一政策平台，推动长三角乃至全国的进口贸易转型。第一批次示范区的设立集中在东部沿海地区，依托上海的区位优势，探索与国际接轨的保税仓储、离岸金融等模式，使得上海在全球贸易中的地位进一步提升。

随着示范区的不断扩展，2012年设立的第二批次进一步扩大了东部沿海地区的布局，涵盖了天津东疆保税港区和苏州工业园区等重要节点。这一批次在承接第一批次功能创新的基础上，进一步完善了进口贸易的操作机制，通过优化港口资源和海关监管模式，提升了区域间的协同能力。天津东疆保税港区以其独特的“区港联动”模式，通过简化物流和通关流程，极大地缩短了进口商品的周转时间，使其成为北方地区进口贸易的核心枢纽。

第三批次示范区的设立于2020年，标志着中国进口贸易促进创新示范区开始从东部延展到中西部地区。这一批次的设立不仅是在区域分布上的一次重大调整，更是国家推动区域经济协调发展的深思熟虑的决策。陕西西安国际港务区和四川天府新区等示范区在“一带一路”倡议的政策支持下，逐步崛起为中西部地区对外开放的重要窗口。通过引入中欧班列，西安国际港务区实现了与欧洲市场的直接联通，使得中西部内陆地区不再受地理位置的限制。以交通物流为基础，第三批次示范区不仅加速了进口商品的流通，也为区域经济的产业结构调整注入了新的动力。

到2022年，第四批次示范区的设立进一步体现了国家要通过进口贸易促进全球经济复苏的决心。这一批次示范区的分布更加均衡，覆盖了东北老工业基地和更多的中西部地区，体现出国家通过扩大进口带动内陆地区经济发展的意图。与前三批次相比，第四批次示范区的功能更加多元，不仅致力于提升进口便利化，还着眼于服务产业和推动绿色低碳转型。山东青岛西海岸新区等地成为重要的进口集散地，通过优化港口资源和创新服务模式，进一步提升了区域内外的贸易效率。特别是在后疫情时代，进口贸易的增长为中国国内消费市场提供了强大的支撑，也为全球经济的复苏贡献了中国力量。

中国进口贸易促进创新示范区的发展轨迹，反映了国家在不同发展阶段对进口贸易的战略调整。从东部沿海地区的试点到中西部、东北老工业基地的全面铺开，示范区不仅是中国经济开放的象征，更是全球贸易体系中不可或缺的一环。每一批次的设立，都为国家经济发展注入了新的活力，也为世界各国的商品和服务进入中国市场提供了便利的途径。中国进口贸易促进创新示范区各批次设立情况如表 5 - 6 所示。

（二）示范区的地理分布与功能定位

进口贸易促进创新示范区的设立集中于中国的东部沿海地区，并逐渐向中西部扩展。第一批次仅包括上海外高桥综合保税区，该区凭借其优越的地理位置和浦东开发开放的优势，成为中国首个承担进口贸易和服务创新功能的示范区。上海外高桥在探索自由贸易园区模式的过程中，逐步形成了以第三方检测维修服务、离岸金融、研发外包为核心的离岸服务贸易集聚区，并为后续的示范区发展提供了有力的政策和实践经验。第二批次和第三批次的示范区开始扩展至其他重要区域，涵盖天津东疆保税港区、江苏苏州工业园区、浙江宁波保税区等城市。这些地区依托各自的港口资源和国际物流优势，进一步推动了进口贸易便利化，提升了区域的全球贸易竞争力。例如，天津东疆保税港区通过创新的“区港联动”模式，大大简化了物流和通关流程，为北方地区的进口贸易注入了活力。随着中国进口贸易布局的不断深化，第四批次的示范区则覆盖了更多的中西部地区，如陕西西安国际港务区和四川天府新区。这些示范区不仅依托其在“一带一路”中的重要地位，还通过优化内陆港口资源，推动了区域经济与全球供应链的深度融合。

表 5-6　　中国进口贸易促进创新示范区各批次设立情况

中国进口贸易促进创新示范区	第一批次	第二批次	第三批次	第四批次
年份	2011 年 9 月	2012 年 12 月	2020 年 11 月	2022 年 11 月
个数（43）	个数（1）	个数（3）	个数（10）	个数（29）
地点	1. 上海外高桥综合保税区	1. 天津市东疆保税港区 2. 江苏省苏州工业园区 3. 浙江省宁波保税区	1. 上海市虹桥商务区 2. 辽宁省大连金普新区 3. 江苏省昆山市 4. 浙江省义乌市 5. 安徽省合肥经济技术开发区 6. 福建省厦门湖里区 7. 山东省青岛西海岸新区 8. 广东省广州南沙区 9. 四川省天府新区 10. 陕西省西安国际港务区	1. 北京首都国际机场临空经济区 2. 天津经济技术开发区 3. 河北唐山曹妃甸区 4. 山西转型综合改革示范区 5. 内蒙古七苏木国际物流枢纽产业园 6. 辽宁营口经济技术开发区 7. 吉林长春汽车经济技术开发区 8. 黑龙江牡丹江绥芬河市 9. 上海淮海新天地进口贸易功能区 10. 江苏张家港市 11. 江苏无锡新吴区 12. 浙江温州瓯海区 13. 福建泉州晋江市 14. 安徽芜湖经济技术开发区 15. 江西赣州国际陆港 16. 山东烟台经济技术开发区 17. 河南郑州航空港经济综合实验区 18. 湖北武汉东湖新技术开发区 19. 湖南长沙雨花区 20. 广东广州黄埔区 21. 广东深圳前海蛇口自贸片区 22. 广西北海铁山港区 23. 海南洋浦经济开发区 24. 重庆两江新区 25. 四川成都青白江区 26. 贵州贵阳综合保税区 27. 甘肃兰州新区 28. 云南中国老挝磨憨—磨丁经济合作区 29. 新疆博尔塔拉蒙古自治州阿拉山口市

（三）发展成效与创新实践

自示范区设立以来，中国的进口贸易促进创新示范区取得了显著成效。以上海外高桥保税区为例，该区不仅在功能创新上起到了引领作用，还在推动进口商品多样化和提升产业技术水平方面发挥了重要作用。截至2023年，示范区的进口商品种类大幅增加，特别是高技术设备和消费品的进口数量显著提升。例如，上海外高桥依托中国国际进口博览会的契机，进一步拓展了高端商品的进口渠道，推动了国内消费市场的升级。与此同时，示范区在政策创新和服务优化上也取得了突出成果。天津东疆保税港区率先推行“一线放开、二线管住”的监管模式，大大提升了进口贸易的便利化水平。苏州工业园区则通过引入先进的生产设备和技术，不仅推动了当地制造业的升级，还促进了产业链的深度融合。

（四）面临的挑战与应对策略

尽管示范区在进口贸易便利化和产业升级上取得了显著成效，但随着全球贸易环境的日益复杂，示范区也面临着诸多挑战。国际贸易保护主义的抬头、地缘政治的影响以及全球供应链的不确定性都给中国的进口贸易带来了风险。此外，国内市场需求的波动也增加了进口企业的经营难度。为应对这些挑战，中国政府不断出台新的政策措施以支持示范区的发展。例如，通过减免关税、优化金融服务等方式，进一步降低企业的进口成本；此外，示范区也在不断完善风险预警机制，以应对国际贸易环境的变化。

二、进口贸易促进创新示范区先进经验

进口贸易促进创新示范区的设立，是中国推动高水平对外开放和促进贸易便利化的重要举措。自2011年首批示范区落地以来，各地示范区在政策创新、功能定位、服务模式、监管创新等多个方面积累了丰富的经验，并取得了显著成效。以下是各示范区在具体实施过程中的先进经验总结。

（一）政策创新与功能定位

进口贸易促进创新示范区的一个重要经验在于政策创新与明确的功能

定位。示范区的两大核心功能——“贸易促进”和“贸易创新”通过政策支持得到了有效落实。例如，上海外高桥保税区作为首批示范区之一，率先推行了“一线放开、二线管住、区内自由”的海关监管模式，极大地提升了进口贸易的便利化水平。这一政策通过简化关税和通关手续，推动了大宗商品和高技术产品的进口，并且降低了企业的运营成本。天津东疆保税港区则创新了“区港联动”的模式，借助其港口优势，优化了进出口贸易的通关流程，使得货物能更加高效地在保税区和港口之间流通。这样的政策创新显著减少了物流成本，并为企业提供了更加灵活的贸易选择。此外，各示范区还积极推进跨境电商等新兴贸易方式的发展，提升了中国在全球贸易中的综合竞争力。

（二）地理优势与资源整合

各示范区能够根据其地理优势和产业特色灵活制定发展策略。例如，上海、广州等沿海地区的示范区依托其优越的港口条件和发达的交通网络，成为国际贸易的重要枢纽。上海外高桥保税区借助其靠近长三角经济圈的区位优势，形成了覆盖广泛的进出口贸易网络，与全球近 200 个国家和地区保持着经贸往来。这种地理优势使示范区不仅在进口商品方面具备优势，同时也带动了周边区域的经济发展。中西部地区的示范区，如陕西西安国际港务区，尽管地理位置不如沿海地区便利，但通过政策支持和内陆港口的建设，积极推动了“一带一路”共建国家的贸易往来。西安国际港务区依托中欧班列的开通，成为中国内陆地区的重要国际物流枢纽，促进了中西部地区与欧洲的贸易联系。通过整合区域内的交通、物流和仓储资源，各示范区成功打破了地理上的限制，推动了区域经济的均衡发展。

（三）服务创新与监管提升

示范区在服务模式的创新上同样积累了丰富的经验。例如，福建厦门湖里区通过设立“一站式”服务平台，为企业提供全方位的进口贸易服务，从信息咨询到通关服务，再到后续的物流配送，均可在一个平台上完成。这样的服务创新不仅大大提升了企业的运营效率，也增强了企业对示范区的信任度和依赖度。在监管方面，示范区也进行了多项创新。例如，天津东疆保税港区率先推行了“智慧关务”系统，通过大数据、云计算等技术，实时监控进出口货物的流通情况。这样的监管创新使得通关时间大幅缩短，并提升了海关的监管效率。此外，部分示范区还推行了“信用监管”模式，对信用良好的企业实行简化的监管措施，这一举措进一步降低了企业的通关成本。

（四）产业升级与消费促进

进口贸易促进创新示范区不仅是贸易发展的重要平台，还在推动国内产业升级和消费水平提升方面发挥了重要作用。以江苏昆山示范区为例，通过引进先进的制造设备和技术，带动了当地制造业的升级，促进了与国际市场的深度融合。昆山通过进口德国先进的自动化设备，推动了电子制造业的技术革新，为国内制造业的转型提供了强大支持。此外，示范区在促进国内消费升级方面也发挥了重要作用。上海虹桥商务区通过中国国际进口博览会这一平台，推动了高端消费品的进口，满足了国内中产阶级对高品质商品的需求。这一举措不仅带动了国内消费市场的增长，还提升了国内消费者的生活质量。

（五）国际合作与市场拓展

进口贸易促进创新示范区的另一个成功经验在于积极推动国际合作和市场拓展。各示范区通过与国际贸易伙伴建立紧密的合作关系，推动了进口贸易的自由化和便利化。浙江义乌市依托其全球最大的商品集散市场，与“一带一路”共建国家建立了广泛的贸易联系，特别是在跨境电商领域，义乌通过构建覆盖全球的物流网络，促进了国际市场的拓展。与此同时，示范区还积极参与国际展会，通过中国国际进口博览会等平台，扩大了进口商品的展示和交易渠道。这些举措不仅提升了中国企业的国际竞争力，还为全球贸易伙伴提供了更多的发展机遇。

三、具体案例经验分析

北京首都国际机场的临空经济区凭借其全球第二大国际枢纽机场的地位，积极发挥自由贸易试验区、综合保税区和服务业扩大开放综合示范区等多重政策优势，不断完善口岸和保税功能体系，以进口贸易为驱动力，促进北京及其周边地区消费水平的提升。2022 年前三季度，北京地区的进口额达到 22327. 3 亿元人民币，同比增长 25. 6%，增速超过全国平均水平 20. 4 个百分点，位居全国第一。

无锡新吴区近年来致力于构建具有特色的进口贸易服务体系，全面提升贸易通关便利化水平，成功试行了境内外维修、集中汇总纳税等创新监管模式，并积极探索保税研发、一般纳税人试点、跨境电商、公共海外仓等新型贸易方式，推进国际邮政互换局的建设，使得进口贸易的创新发展环境不断优化。有数据显示，2021 年新吴区的进口额为 262. 8 亿美元，占无锡市进口总额的 65. 1%。

重庆两江新区在推动进口贸易便利化方面采取了一系列创新措施，以深化通关模式改革，探索提前申报、两步申报、两段准入等，通过加强水路和机场通关服务，提升进口贸易便利化水平。这些措施旨在提高通关效率，降低企业成本，促进贸易的顺畅进行。

平湖市在进口贸易促进创新方面取得显著成效，得益于其充分利用中央和省级鼓励进口政策，制定本地鼓励进口政策，加大对重点进口平台、企业和产业的扶持力度，并通过多种途径宣传政策，指导企业充分利用各级扶持政策，培育进口主体和平台。同时，依托展会平台，积极组织重点进口平台参加国内重要展会，扩大知名度，参与中国国际进口博览会，举办浙商国际进口商品博览会等活动，提升平台影响力。此外，注重引进和培育进口龙头企业，形成化工原材料、高端装备和关键零部件、进口消费品三大进口集聚区，推动产业升级，提高产品品质，形成有竞争力的进口商品市场。这些措施使得平湖市的进口总量连续多年在浙江省县市区中名列前茅，“十三五”期间进口额年均增速超过 15%，2020 年进口额达到 17. 3 亿元，同比增长 18. 8%，增速和绝对值在嘉兴五县两区中分别排名第一和第三，同时 2017—2019 年共争取到国家进口贴息资金 654 万元，2020 年获得省级进口贴息资金 761. 05 万元，显示了政策支持的力度。

综合来看，进口贸易促进创新示范区在推动中国经济高质量发展方面仍将发挥重要作用。随着中国消费市场的升级，未来示范区的功能将更加多样化，不仅要继续推动高端消费品和技术设备的进口，还将积极推动绿色环保商品的进口，以支持中国的可持续发展目标。预计未来几年，示范区将继续通过政策创新和国际合作，进一步提升中国在全球贸易中的竞争力。

第五节　本章小结

本章一方面对中国进口高质量发展水平进行了统计测度分析，主要基于进口开放、进口福利、进口持续和进口竞争四个视角构建中国进口高质量发展水平的评价指标体系，使用熵权综合评价法测算出 2001—2022 年中国 30 个省份 22 年间的进口高质量发展水平，并采用 Dagum 基尼系数法和 Kernel 核密度估计法分析中国整体及各省域进口高质量发展水平的地区差异及动态演变特征。主要得出以下三个结论：第一，中国进口高质量发展整体处于较低水平，但东部地区远高于全国整体和其他三大地区的进口高质量发展水平。在空间上呈现“东部高、中西部和东北部低”的空间不均衡分布特征；第二，中国进口高质量发展水平的整体地区差异呈现出逐渐缩小的趋势，其中地区间差距是差距的主要来源；第三，中国进口高质量发展的整体水平不断提高，但表现出明显的偏态分布和不同程度的极化特征。此外，还详细介绍了中国进口贸易促进创新示范区总体情况，从各个批次设立时间及设立地区，分析其地理分布与功能定位，发现进口贸易促进创新示范区的设立集中于中国的东部沿海地区，并逐渐向中西部扩展。同时示范区的功能也在持续深化和拓展，并面对世界局势的不稳定不确定，对于如何更好地发挥示范区赋能进口高质量发展的积极面临着更多的挑战。最后，介绍了进口贸易促进创新示范区先进经验的具体案例。

第三篇

数字经济赋能进口高质量发展的影响效应

第六章　数字经济对进口高质量发展的影响效应研究：宏观视角

基于前文分析，本章重点分析宏观层面下数字经济对进口高质量发展的影响效应。本书通过测度宏观视角下省域层面数字经济发展指数和构建进口高质量发展水平体系框架，评估数字经济对进口高质量发展的影响效应及中间渠道作用，以期厘清数字经济赋能进口高质量发展的关键变量和重要渠道，不仅为数字经济与进口高质量融合发展提供了方向，更为实现我国双向贸易生态平衡，推进对外贸易高质量发展提供一定参考。

第一节　文献回顾

通过对国内外相关文献进行梳理，将与本书相关的研究主要分为两类。第一类文献是数字经济相关研究，主要包括数字经济指标测算及其影响效应两个方面。一方面，数字经济的概念内涵及统计测度研究。在概念内涵方面，目前各组织机构和学界就数字经济的概念内涵并未得到统一。1996 年“数字经济之父”唐·塔普斯科特（Don Tapscott）提出数字经济概念。就概念而言，现有研究分为狭义和广义两个层面（向书坚和吴文君，2018）。从狭义层面来讲，美国经济分析局（BEA）认为数字经济主要是基于互联网及通信技术的相关经济活动。从广义层面来讲，经济合作与发展组织（OECD）将数字经济视为一种经济活动，提出采用电子订购或电子交付以实现交易的经济活动属于数字经济。我国相关研究机构和学者针对以上两个层面对数字经济概念内涵进行了有益的探索。任雪等

(2024) 结合核算实践，从数字经济核心产业和数字经济融合产业两个角度总结数字经济的概念和内涵。在统计测度方面，已有文献主要从增加值测算、相关指数编制和构建卫星账户对数字经济进行测算。其中澳大利亚统计局 (ABS) 借鉴 BEA 的测算方法，对数字经济增加值及整体经济的贡献度进行测度；黄浩和姚人方 (2024) 通过增长核算的方法估算效率型数字经济水平；中国信通院从数字产业化、产业数字化等方面对中国数字经济规模进行测算；王喆等 (2021) 从数字技术、数字基础设施、数字市场和数字治理出发，测算数字经济发展指数 (TIMG 指数)；OECD 成立数字经济下 GDP 测算咨询组；国内学者以数字交易的特征为核心提出数字经济卫星账户基本框架。另一方面，数字经济对对外贸易的影响效应研究。已有学者开展数字经济对对外贸易影响研究。早期学者关注互联网使用对对外贸易的正向影响 (Faqin Lin, 2015)。现阶段学者从不同层面论证数字经济对外贸高质量发展的促进作用，认为数字经济与对外贸易深度融合已成为推动外贸高质量发展的重要动能。李宏兵和张少华 (2023) 提出数字经济从数字基础设施、数字贸易合作和数字治理合作等方面为我国贸易高质量发展提供了新动能。袁瀚坤和韩民春 (2023) 利用微观样本数据，从理论和实证层面验证了数字经济发展显著促进对外贸易结构转型。包振山等 (2023) 实证检验了数字经济发展水平的提升对对外贸易高质量发展显著的正向空间溢出效应。

第二类文献是进口高质量发展相关研究，主要包括进口质量相关指标测度和对数字与进口之间关系的探讨两个方面。一方面，施炳展和曾祥菲 (2015) 是我国最早关注进口质量，并在新新贸易理论框架内构建并测度进口产品质量。刘航等 (2019) 分析了美国“断供”背景下中国进口高质量发展的应对策略；Feenstra and Romalis (2014) 和方杰炜等 (2023) 通过参考供需双方信息，以各国在世界质量阶梯中相对位置的动态变化测度产品的相对进口质量；王绍媛和冯之晴 (2023) 通过三元边际中的出口价格边际衡量行业层面的进口质量水平。另一方面，已有文献将数字与进口相联系，初步探索两者之间的关系和影响路径。张鹏杨等 (2022) 基于国内市场需求角度，验证了数字金融通过拉动消费提升进口产品质量和进口多样性。而更多的文献聚焦于将数字与出口相联系，指出数字金融与数字普惠金融能够促进出口规模扩张、出口贸易升级，提高出口质量和优化企业出口结构。创新和市场效应被认为是实现这些作用的主要途径（张铭心等，2021；Pan 等，2022；金祥义等，2022），这表明了数字与出口方面的紧密联系。

通过文献梳理发现，有关数字经济对进口高质量发展影响的研究较少，忽略了数字经济赋能进口高质量发展的重要性、必要性。基于此，本书在已有文献的基础上探讨新发展格局下数字经济赋能进口高质量发展的影响效应、作用机制及异质性。可能的边际贡献主要包括以下两个方面。第一，通过对数字经济和进口高质量发展相关文献的详细梳理，借鉴已有文献，从省级层面对数字经济和进口高质量发展水平进行较为全面的测度，以清晰中国进口贸易发展所处的水平，并进行动态演变分析，进一步探讨数字经济如何有效赋能进口高质量发展，其影响效应何如；第二，将数字经济纳入国际贸易理论框架，探讨数字经济赋能进口高质量发展的作用机制与路径选择，并证实创新投入和教育投入以及绿色效应作为中介机制，在数字经济对进口高质量发展的赋能过程中的显著作用，据此提出针对性的建议。

第二节　研究假设与理论机制

一、数字经济赋能进口高质量发展的直接效应

数字经济通过内生特征驱动进口高质量发展，主要基于数字经济特征，通过成本效应、规模和范围效应、网络化效应、长尾效应、结构优化效应直接促进进口高质量发展。第一，信息产品的非争夺性使得进口关键产品显现低成本特征，数字经济提高市场供需匹配效率，有助于减少信息搜寻成本和信息不对称成本，为进口贸易提供显著的成本效应，促进进口

高质量发展（金泽虎和邓超，2024）。第二，“滚雪球”式的数据要素具有自我强化特征，数字经济相关要素能够增加产品进口数量，降低产品进口价格，促进进口扩张（蒋灵多和刘双双，2023），进而推动进口贸易实现规模经济和范围经济效应，促进进口高质量发展。第三，数字化交易平台催生供应链扁平化特征，降低进口贸易信息壁垒和信用壁垒，有效保护信息安全，实现网络化效应，促进进口高质量发展。第四，长尾效应特征。数字技术应用从供需角度关注并满足个性化，使进口贸易更加精准高效，实现长尾效应。第五，交易标的具有服务化特征。数字技术使得贸易标的服务化及制造业服务化转型效果明显，能够促进数字服务现代化融合，有效赋能服务高质量发展（Zhang 等，2022；叶胥等，2022），实现进口贸易结构优化效应，促进进口高质量发展。

基于此，本章提出假说 1。

假说 1：数字经济能够有效赋能进口高质量发展。

二、数字经济赋能进口高质量发展的间接效应

（一）基于创新投入视角

首先，创新投入是数字经济影响进口高质量发展的主要方式之一。一方面，数字经济为创新带来了大数据分析、数字平台、电子商务平台等丰富资源和新数字技术，并通过数字化的协作模式和市场拓展方式，激发企业和投资者参与创新投入。已有研究表明，数字经济不仅能够促进和强化研发要素流动（Li 等，2022；朱洁西和李俊江，2023；姚常成和沈凯，2023），而且有助于通过技术资源获取、市场需求把握和缓解信息不对称扩大企业开放性创新水平（刘东阁等，2024）。另一方面，作为高质量发展的推动力，创新能促进进口高质量发展。创新投入不仅可以提高技术水平，推动国内产业的升级和发展，还能够与国际接轨，加强国际交流与合作，提高产品附加值和中国在全球产业链的地位，提高进口产品质量和安全标准等这些影响都会对进口贸易产生积极作用。已有研究表明，创新投入有助于在进口竞争下促进企业高质量发展（郝盼盼

等，2023），因此，数字经济通过创新投入渠道有效赋能进口高质量发展。

（二）基于教育投入视角

数字经济通过增加教育投入渠道有效赋能进口高质量发展。众所周知，数字经济和进口高质量的发展均需要受过良好教育及掌握现代技能的高层次劳动者供给。一方面，数字经济的发展为教育领域带来了显著改变。首先，数字经济的发展实现了教育资源的数字化，延展了教育范围，网课、电子书、教育应用程序等提供了生动灵活多样化的教学资源。其次，在线教育平台和智能教育系统的迅速发展，使得线上教育资源普遍化和广泛化。最后，通过智能化的学习管理系统和数据分析，能够制定专业化和个性化的教育方案，进而提高教学质量，吸引更多投资创业者的关注。为了适应数字经济的发展，各高校纷纷成立数字经济相关学科专业，进一步培育出更多的数字技术人才。另一方面，教育投入的增加会对进口高质量发展带来积极的影响。首先，教育投入可以培养更多的科技创新人才，更能够促进技术研发和创新，推动产业技术水平的提升，进而提高进口产品的质量要求和创新性。其次，教育投入不仅会使得教育主体增加对文化产品的进口需求（赵卫军和张爱英，2018；马光明和高源，2023），促使进口更高层次、更高质量的产品与服务，而且数字经济发展带来的教育投入能够显著提升人力资本积累（贾婷月等，2023），能够有效为进口高质量发展提供人才支撑。最后，数字经济发展通过教育投入推动劳动力自动化转型，不断提高其供给水平，有助于提高生产效率和收入水平，进而增加其对进口产品的质量和品质的需求端升级，促进进口高质量发展。

基于以上分析，提出假说2。

假说2：数字经济通过加大创新投入和教育投入能够有效赋能进口高质量发展。

（三）基于绿色产出视角

数字经济通过增强绿色产出效应，有效赋能进口高质量发展。一方面，数字经济通过应用数字化技术，能够减少能源消耗，改善空气质量，促进经济绿色可持续发展，进而提高企业经济效益（包彤，2023），有助于提升其进口质量需求。首先，数字经济推动产业结构升级。数字经济是以数据资源为关键要素，该要素具有低成本和可获得的特征。数字经济的发展能够压缩以高投入、高污染、高排放为特征的传统经济，倒逼落后低端产业升级，优化产业结构；其次，数字经济优化资源配置，加速建设绿色低碳循环发展经济体系，实现绿色治理。数字经济通过数字技术，对环境污染进行监控和治理，并改善劳动力、资本等生产要素的重新配置（Zhou 等，2022），提升资源的利用效率，提高企业要素生产率（Lyu 等，2023；戴艳娟和沈伟鹏，2024）。另一方面，绿色效应的增强能够提高进口高质量发展水平。首先，绿色效应推进绿色贸易，自由贸易试验区（自贸区）的建立，不仅提出稳步推进自贸试验区贸易绿色发展的目标，还积极主动对标国际绿色贸易规则。其次，绿色贸易更支持生产过程及自身节能，节水，低污染，低毒，可再生、可回收的高质量，高附加值绿色产品进口，促进了高质量产品进口。

基于以上分析，提出假说 3。

假说 3：数字经济通过增强绿色产出效应能提高进口高质量发展。

第三节　模型假定与数据说明

一、模型构建

（一）基准回归模型

为检验数字经济对进口高质量发展的影响，本书构建了基准回归模型如式（6－1）所示：

$$\text{Imhighquality}_{i,t} = \alpha_0 + \alpha_1 \text{Digeconomy}_{i,t} + \alpha_2 \text{Control}_{i,t} + \text{ProvinceFE} + \text{YearFE} + \varepsilon_{i,t} \quad (6-1)$$

其中，i 表示省份，t 表示年份，$\text{Imhighquality}_{i,t}$ 为本书的核心被解释变量，表示省份 i 在第 t 年的进口高质量发展，$Digeconomy_{i,t}$ 为本书的核心解释变量数字经济水平，$Control_{i,t}$ 为本书选取的控制变量合集，ProvinceFE 为省份固定效应，YearFE 为年份固定效应，ε 为随机扰动项。α_1 衡量了数字经济促进进口高质量发展的赋能效果，若显著为正，则数字经济发展能够赋能省份进口高质量，本章的核心假说成立，反之则带来负面影响。

（二）中介效应模型

根据假说 2 和假说 3，数字经济可以通过加大创新投入和教育投入以及发挥绿色产出效应多渠道赋能进口高质量发展，本书借鉴江艇（2022）的研究，建立如式（6-2）所示的中介效应模型分析数字经济赋能进口高质量发展的中间实现路径。

$$Imhighquality_{i,t} = \alpha_0 + \alpha_1 Digeconomy_{i,t} + \alpha_2 Control_{i,t} + ProvinceFE + YearFE + \varepsilon_{i,t}$$

$$M_{i,t} = \beta_0 + \beta_1 Digeconomy_{i,t} + \beta_2 Control_{i,t} + ProvinceFE + YearFE + \varepsilon_{i,t}$$

$$Imhighquality_{i,t} = \gamma_0 + \gamma_1 Digeconomy_{i,t} + \gamma_2 M_{i,t} + \gamma_3 Control_{i,t} + ProvinceFE + YearFE + \varepsilon_{i,t} \quad (6-2)$$

其中，$M_{i,t}$ 为中介变量，在本书中代表创新投入、教育投入以及绿色产出效应的相关变量指标，其他含义与模型（6-1）相同，本模型的关注重点为 β_1、γ_1、γ_2，若其显著，说明数字经济可以通过加大创新和教育投入以及绿色产出效应促进进口高质量发展，即中介效应成立。

二、数据说明及描述性统计

（一）核心解释变量

数字经济（Digeconomy）。本书借鉴赵涛等（2020）和刘军等（2020）已有的相关研究以数字经济综合发展指数这一指标来衡量数字经济，主要包括互联网普及率、互联网相关从业人员、互联网相关产出、移动互联网用户数和数字金融普惠发展五个方面，具体指标信息如表 6-1 所示。

表6-1　　数字经济指标体系

一级指标	二级指标	指标说明	单位	属性
数字经济	互联网普及率	每百人互联网用户数	户/百人	正
	互联网相关从业人数	计算机服务和软件从业人员占比	%	正
	互联网相关产出	人均电信业务总量	万元	正
	移动互联网用户数	每百人移动电话用户数	户/百人	正
	数字金融普惠发展	中国数字普惠金融指数	—	正

（二）核心被解释变量

进口高质量发展（Imhighquality）。本书主要从进口开放、进口福利、进口持续和进口竞争四个方面构建中国省份层面的进口高质量发展评价指标体系。其中，表6-2为中国进口高质量发展具体的指标选取与衡量。

表6-2　　中国进口高质量发展指标评价体系

一级指标	二级指标	指标说明	单位	属性
进口开放	进口规模	进口额	万元	正
	进口依存度	进口额/生产总值	—	正
	进口便利化	进口便利化指数	—	正
进口福利	进口多样化	进口国家或地区	个	负
	进口技术含量	机电产品进口额	亿元	正
进口持续	进口增长优势	地区进口增长率-总进口增长率	%	正
	进口基础设施	高速公路、铁路里程之和	万公里	正
进口竞争	竞争力指数	(出口额-进口额)/(出口额+进口额)	—	负
	进口结构	加工贸易进口额	亿美元	正
	R&D投入率	R&D经费/第三产业总产值×100%	—	正

（三）中介变量

投入视角主要选取教育投入和创新投入，分别以普通本科在校人数（Undergraduate）和高技术产业企业数量（Hiteindustry）作为中介变量。从教育投入视角来看，近十年来高校不断扩招，而普通本科作为高等教育的重要组成部分，其在校人数在一定程度上能够代表各省份对教育的投入程度。高技术产业作为产业价值链的中高端部分，具有较高的创新水平，成为经济高质量发展的重点产业，在一定程度上能够体现创新能力，因此，以拥有的高技术产业企业数量衡量省份的创新投入。产出视角主要选取各省份层面每年 PM2.5 浓度总量（Spm2.5）为主要指标，以衡量绿色产出。其中 PM2.5 是指环境空气中直径小于等于 2.5 微米的细颗粒物，能较长时间悬浮于空气中且在空气中含量浓度越高，代表空气污染越严重，对空气质量和能见度等有重要影响。

（四）控制变量

为了提高结论的稳健性和准确性，本书增加控制变量来减小可能对进口高质量发展产生影响的其他相关变量。主要控制变量包括：常住人口（Perpopulation）、城镇率（Townrate）、国内生产总值（GDP）、一般公共支出（Genexpenditure）、第三产业增加值（Terindustry）。

本书选取全国 30 个省市（考虑西藏数据的不可得性，将其剔除）2011—2022 年 12 年间的样本数据作为研究对象，数据主要来源于《中国统计年鉴》以及各省份的统计年鉴。此外，对于个别指标缺失数据，通过查阅相关统计公报和政府官网以及采用线性插值法、均值法等方法进行补充。并对数值大的数据进行取对数以及对所有的变量进行剔除异常值、极端值和在 1% 水平上进行数据缩尾处理，表 6-3 为对本书所使用的主要变量进行描述性统计。结果表明，进口高质量发展（Imhighquality）的最大值为 0.527，最小值为 0.014，平均值为 0.092，标准差为 0.093，表明不同省份之间的进口高质量发展存在较为明显的差异。同样的，数字经济（Digeconomy）呈现出“均值大、标准差小”的特点。

表 6-3　　描述性统计分析

Variables	变量	样本量	平均值	标准差	最小值	最大值
Imhighquality	进口高质量	360	0.092	0.093	0.014	0.527
Digeconomy	数字经济	360	0.605	0.067	0.486	0.886
Perpopulation	常住人口	360	8.208	0.741	6.342	9.448

续表

Variables	变量	样本量	平均值	标准差	最小值	最大值
Townrate	城镇率	360	0.600	0.122	0.350	0.938
GDP	国内生产总值	360	9.864	0.896	7.223	11.768
Genexpenditure	一般公共支出	360	8.433	0.599	6.559	9.856
Terindustry	第三产业增加值	360	9.150	0.932	6.499	11.170

表6－4描述了全国30个省份进口高质量发展水平2011—2022年的均值，并将其主要划分为三个等级，第一等级为位于东部发达地区的广东、江苏、上海、北京、山东、天津、浙江七个省市，其均值均高于全国进口高质量发展水平均值0.080，第二等级为进口高质量发展水平小于均值且大于等于0.050，主要包括部分东部地区、西部地区和中部地区省市，第三等级为进口高质量发展水平小于0.050，主要包括部分中部地区和西部地区省份。可见，进口高质量发展水平由于不同省份的经济发展程度、贸易开放程度不同而出现差异。因此，需要对进口高质量发展水平是否具有明显的区域发展优势进一步分析。

表6－4　2011—2022年中国30个省份进口高质量发展水平均值

省份	广东	江苏	上海	北京	山东	天津	浙江	辽宁	福建	河南
结果	0.404	0.234	0.177	0.143	0.112	0.102	0.082	0.079	0.075	0.071
省份	四川	吉林	湖北	内蒙古	湖南	江西	河北	海南	黑龙江	重庆
结果	0.069	0.059	0.057	0.055	0.055	0.054	0.052	0.051	0.050	0.050
省份	安徽	山西	广西	陕西	甘肃	贵州	云南	新疆	宁夏	青海
结果	0.050	0.048	0.048	0.047	0.040	0.034	0.032	0.031	0.029	0.024

图6－1为基于30个省份2011—2022年的样本描绘了数字经济与进口高质量发展关系的散点图并绘制了两者的拟合曲线，其中拟合曲线的灰色区域为95%置信水平下的置信区间。可以发现，拟合曲线明显呈“左低右高”趋势，表明进口高质量发展随着数字经济水平的提高而提升，从而说明两者之间可能存在正相关关系，为证实本书的假说1“数字经济能够有效赋能进口高质量发展”的成立提供了支持。

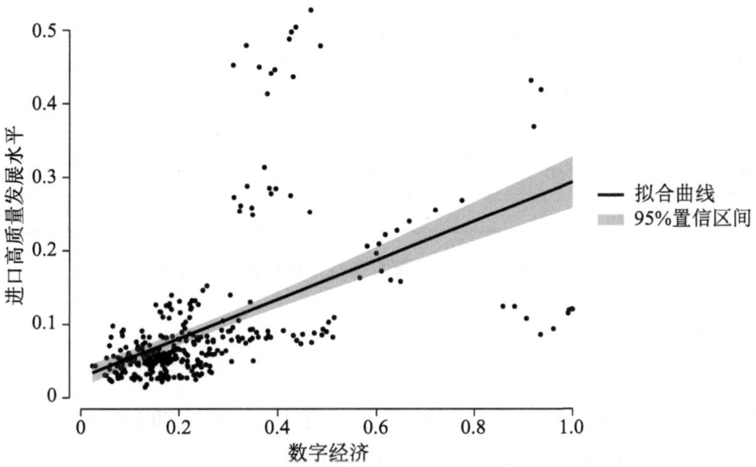

图6-1　数字经济与进口高质量发展的线性关系

第四节　数字经济对进口高质量发展影响的实证检验——宏观视角

一、基准回归结果

本书采用双向固定效应模型对基准模型进行回归，表6-5为基准回归结果，报告了数字经济对进口高质量发展的影响效应。其中，第（1）列—第（4）列为依次加入年份和省份双向固定效应以及控制变量的回归结果。可以发现，核心解释变量数字经济的回归系数始终在1%的水平上显著为正。说明数字经济显著促进了各个省份进口高质量发展水平，本章假说1得以验证。

表6-5　基准回归分析

Variables	(1)	(2)	(3)	(4)
Digeconomy	0.116***	0.644***	0.549***	0.505***
	(0.030)	(0.171)	(0.182)	(0.186)
Control	No	No	Yes	Yes

续表

Variables	(1)	(2)	(3)	(4)
year	No	Yes	Yes	Yes
province	No	Yes	Yes	Yes
N	360	360	360	360
R^2		0.099	0.142	0.163

注：*** 表示在1%水平上显著，括号内为聚类到省份层面的稳健标准误，下同。

二、内生性检验

本书建立的基准回归模型可能存在内生性问题，即数字经济和进口高质量发展之间可能受一些不可观测因素的影响，导致回归结果出现偏误。本书采取以下方法依次解决内生性问题以提高结论的稳健性。

（一）互为因果—工具变量法

将进口高质量发展滞后两期作为工具变量解决内生性问题。首先，在相关性方面，每个省份数字经济的发展是不断积累的动态变化过程，上两年的数字经济和进口高质量发展水平作为当期的参考与当年的数字经济和进口高质量发展紧密相关；其次，在排除性方面，上两年的数字经济不会直接影响当期的进口高质量发展水平。表6-6报告了工具变量的两阶段最小二乘法（2SLS）回归结果。第（1）列为第一阶段的回归结果，F值大于10，否定初始弱工具变量的假定，即没有弱的工具变量，L2. Digeconomy是一个有效的强工具变量。第（2）列为第二阶段回归结果，在通过L2. Digeconomy这一工具变量处理内生性问题后，数字经济赋能进口高质量发展在5%水平上显著为正，且在解决了内生性问题之后核心解释变量数字经济的系数显著提高，因此证实本章的核心结论较为稳健。

表6-6　内生性检验

Variables	(1) first stage Digeconomy	(2) second stage Imhighquality
L2. Digeconomy	0.4786*** (0.059)	

续表

Variables	(1) first stage Digeconomy	(2) second stage Imhighquality
Digeconomy		1.060** (0.486)
Observations	300	300
R^2	0.989	0.912

注：***、** 分别表示在 1% 和 5% 水平上显著，下同。

（二）测量误差

通过所有变量中心化处理解决由测量误差所带来的内生性问题，如表 6-7 所示，核心解释变量的回归系数依然在 5% 的水平上显著为正，所以排除测量误差所造成的偏差。

表 6-7　测量误差分析

Variables	(1) CImhighquality
CDigeconomy	10.8611** (2.51)
Observations	360

（三）遗漏变量

在实证分析中，由于无法将全部控制变量加入到回归模型中，所以本书通过加入新的可观测变量来解决遗漏变量引起的内生性问题，如果处理效应系数仍然稳定，那么就认为遗漏变量造成的偏差较小。本书在基准回归的基础上，进一步加入第二产业增加值（Seindustry）和城镇常住人口（Perpopulation_urban），在双向固定后回归系数依然显著，即可以排除由于遗漏变量造成的偏差。

三、稳健性检验

为了进一步提高本书结论的稳健性，主要从以下三个方面进行了稳健性检验：

（一）更换核心解释变量

在基准回归中，本书数字经济发展主要选取主成分分析法测算的数据作为数字经济（Digeconomy_z）解释变量进行分析，而本部分以熵权法测算的数字经济（Digeconomy_s）进行分析如表6-8第（1）列所示，可以发现，以熵权法测算的数字经济系数在10%的水平上显著为正，本章核心结论依然成立。

表6-8 稳健性检验

Variables	(1) Imhighquality	(2) Imhighquality_z	(3) Imhighquality_z	(4) Winsor5%
Digeconomy_s	0.077* (0.043)	0.867*** (0.313)		
Digeconomy_z			4.018*** (1.329)	0.687*** (0.191)
Control	Yes	Yes	Yes	Yes
Year	Yes	Yes	Yes	Yes
Province	Yes	Yes	Yes	Yes
N	360	360	360	360
R^2	0.107	0.184	0.257	0.158

注：***、*分别表示在1%和10%水平上显著，下同。

（二）更换被解释变量

本部分以主成分分析法测算的进口高质量发展（Imhighquality_z）分别对以熵权法和主成分分析法测算的解释变量数字经济进行回归分析，回归结果如表6-8第（2）列、第（3）列所示，可以发现，核心解释变量数字经济的回归系数始终在1%的水平上显著为正，本章核心结论依然成立。

（三）缩尾处理

本部分为进一步排除异常值对核心结论的影响，对所有变量在5%水平上进行缩尾处理。结果如表6-8中的第（4）列所示，核心解释变量数字经济的估计系数依然在 1% 的水平上显著为正，本章核心结论依然成立。

四、异质性分析

本部分基于样本是否存在异质性考虑，将数据分样本回归，主要回答以下问题：数字经济对进口高质量发展的影响是否受地区的限制。因此将省份样本分为是否属于长江经济带①，回归结果如表 6 - 9 所示。可以看出属于长江经济带的省份第（1）列回归结果在 1% 的水平上显著为正，且系数较基准回归结果有所上升，而非长江经济带的省份第（2）列回归结果系数并不显著。因此，数字经济对进口高质量发展存在地区的差异且属于长江经济带的省份的促进作用更显著。这一结果的解释可能如下：长江经济带沿海沿江沿边，并在全国高水平开放中发挥重要作用，且其拥有全国 9/21 的自贸试验区，走在全面开放新格局的前列，对全国高水平开放发挥了重要的排头兵和试验田的作用。因此，长江经济带拥有更高的进口高质量发展环境与需求，数字经济发展对其省份的进口高质量促进作用更明显。

表 6 - 9　　异质性分析

Variables	长江经济带省份 (1)	非长江经济带省份 (2)
Digeconomy	0.970 *** (0.181)	0.297 (0.327)
Control	Yes	Yes
year	Yes	Yes
province	Yes	Yes
N	121	209
R^2	0.644	0.106

① 长江经济带覆盖上海、江苏、浙江、安徽、江西、湖北、湖南、重庆、四川、贵州、云南 11 个省市。

五、机制检验

在基准回归分析部分已经描述了数字经济对进口高质量发展总体促进效应。本部分进一步分析这种促进作用的具体影响机制，并运用中介模型进行实证检验。机制检验结果如表6－10所示。其中投入视角，首先，教育投入作为被解释变量，数字经济的估计系数在1%的水平上显著为正，且在加入教育投入后，数字经济和中介变量的系数分别在1%和5%水平上显著为正。说明数字经济能够通过加大教育投入提高进口高质量发展。其次，创新投入作为被解释变量，数字经济的估计系数在1%水平上显著为正，且基准回归模型中加入创新投入后，核心解释变量数字经济和中介变量创新投入分别在10%和5%的水平上显著为正，即数字经济能够通过加大创新投入提高进口高质量发展。因此，假说2得到验证。对于产出视角，绿色产出作为被解释变量，数字经济的估计系数在1%的水平上显著为负，且在加入绿色效应后，数字经济的系数和PM2.5的系数分别在1%和10%水平上显著。所以数字经济能够通过降低PM2.5的排放浓度提高环境质量，促进绿色效应的提升来提高进口高质量发展水平。因此，假说3得到验证。

表6－10　机制检验分析

Variables	教育投入		创新投入		绿色产出	
	(1)	(2)	(1)	(2)	(1)	(2)
	Undergraduate	Imhighquality	Hiteindustry	Imhighquality	Spm2.5	Imhighquality
Digeconomy	0.351***	0.951***	3.095***	2.053*	-2.542***	0.651***
	(0.080)	(0.328)	(1.016)	(1.198)	(0.504)	(0.240)
Undergraduate		0.440**				
		(0.223)				
Hiteindustry				0.163**		
				(0.077)		
Spm2.5						-0.047*
						(0.027)
Control	Yes	Yes	Yes	Yes	Yes	Yes

续表

Variables	教育投入		创新投入		绿色产出	
	(1)	(2)	(1)	(2)	(1)	(2)
	Undergraduate	Imhighquality	Hiteindustry	Imhighquality	Spm2. 5	Imhighquality
year	Yes	Yes	Yes	Yes	Yes	Yes
symbol	Yes	Yes	Yes	Yes	Yes	Yes
N	360	360	360	360	360	360
R^2	0. 852	0. 135	0. 791	0. 260	0. 881	0. 165

第五节　本章小结

本书利用 2011—2022 年我国 30 个省份的面板数据构建基准回归模型，探究数字经济是否能够有效赋能进口高质量发展。研究发现，在样本考察期内，数字经济显著促进进口高质量发展，且这一核心结论在经过一系列稳健性检验后依然成立。异质性分析发现：数字经济对进口高质量发展的促进效应差异与省份所属的地理位置有关。由于地理位置的差异，位于长江经济带的 11 个省份赋能作用更加显著。机制检验结果表明，数字经济能够通过加大创新投入和教育投入以及改善绿色效应来提高省域层面的进口高质量发展。

第七章　数字经济对企业进口行为的影响效应研究：微观视角

第一节　文献综述

前文通过构建省份层面的数字经济发展水平模型对进口高质量发展所带来的影响展开研究，本部分在此基础上扩展到微观企业层面探究数字化转型对进口行为的影响。首先，对国内外相关文献进行梳理，将与本部分相关的研究主要分为三个方面。

一、数字化转型相关研究

数字化转型相关的企业研究主要包括其所带来的创新效应、环境效应赋能企业绿色发展和对企业所带来的影响三个部分。首先，数字化转型通过企业科技研发投入和创新专利产出显著提升企业创新绩效水平（金鑫等，2024）；通过提升管理效率，提高供应链集中度和增加政府补贴促进国有企业技术创新的“提质增量”（姚毓春和李金城，2024）。其次，数字化转型通过生产扩张和技术进步显著提升制造业企业碳排放总量，降低碳排放强度以及实现碳减排效应（Zhao 等，2024；屠西伟等，2024）。最后，数字化转型促进企业财务绩效的同时，通过提升企业绿色创新绩效、抑制管理者短视行为及提高资源配置效率提升企业 ESG 表现（Yonghong 等，2023；杜传忠和李泽浩，2024）。

二、企业进口行为相关研究

企业进口行为的相关研究主要包括企业进口相关的行为对其活动产生的影响。一方面，企业进口竞争会扩大企业内部收入差距，企业减少的利润会通过避税进行代偿和维持生存（赵春明等，2024）；进口关税的降低会加剧国内市场竞争，降低企业盈利水平，提升企业杠杆率（Baggs 等，2006）。此外，进口竞争行为的降低通过促进对外技术引进以提高企业创新质量（倪一宁等，2023）；另一方面，李柔和张鹏杨（2023）从供应链视角出发，基于投入产出数据库，探讨企业中间品进口通过供应链下游传导渠道对工资产生显著的正向影响，而通过供应链上游传导渠道对低技能劳动者工资存在显著负向影响。

三、数字化转型与企业进口行为关系的相关研究

数字化转型与企业进口行为研究主要包括数字方面与进口及数字化转型与进口行为相关研究。一方面，数字金融通过缓解企业融资约束，推动企业进口贸易规模扩大和质量提升（许家云，2022；蒋灵多和刘双双，2023）；促进城镇化率较低的省份、注册资本较少的微型企业创业（谢绚丽等，2018）。另一方面，数字化转型通过降低外部交易成本、推动企业生产技术升级和生产规模扩张三个途径来促进企业进口，通过加速企业产品创新、提升企业生产效率和缓解融资约束实现进口贸易高质量发展（谷均怡等，2023；李瑞琴和陈丽莉，2023）。

其次，在梳理文献中可以发现企业在当今时代背景下数字化转型的过程中，能够更好地应对全球市场的挑战，提升竞争力和市场地位。基于此，本书采用 2000—2016 年中国上市企业数据与中国海关数据合并作为微观企业样本，分析探讨了数字化转型对企业进口行为的影响。研究发现，数字化转型显著促进了企业积极的进口行为，即扩大进口规模及加大高技术产品进口，这一结论在解决了内生性问题和一系列稳健性检验后依旧成立；作用机制方面，数字化转型主要通过提高企业生产率和缓解融资约束

对进口行为产生积极影响；异质性分析方面，数字化转型对企业进口行为的影响在企业所有制和企业规模方面存在异质性。具体来说，一方面，数字化转型更能扩大非国有企业的进口规模且对国有企业和非国有企业高技术产品进口均具有促进作用；另一方面，大规模企业更注重创新，加大高新技术产品的进口，提升企业的“质”。小规模企业更加注重利润，扩大进口规模以数量来获取市场，提升企业的“量”。本书为数字经济赋能背景下企业积极主动扩大进口研究提供了新的视角，对于进一步加快推进数字经济高质量发展和实现高水平对外开放具有重要的政策启示。

第二节 研究假设与理论机制

一、数字化转型对企业进口行为的直接影响效应

企业数字化转型会提高企业进口行为的积极性（许家云等，2023；陆璐，2024）。一方面，数字化转型能够提高企业进口效率和市场竞争力，主要表现为供应链管理和供应商高效选择的便利化。首先，企业通过全球化电子商务平台在全球范围内精准定位潜在客户和合作伙伴，与供应商建立合作关系，并通过网络平台进行贸易结算使跨境交易更加便捷。其次，网络信息的透明化使得货物的进口来源和流通路径可追溯，降低企业进口的不确定风险以促进进口行为。另一方面，数字化转型使得进口流程更加优化和简化，促进企业的进口行为，主要表现为进口通关效率高和跨境结算流程的优化。首先，数字化转型使得企业和海关高效协同，企业进口行为通过统一的电子化平台，提前准备和提交所需文件申请海关审核以加快通关流程。其次，数字化转型使得在线支付和电子化账单及签证实现便利化。网络在线支付平台的普及减少了传统银行转账的延迟和手续费，提高资金流转效率，电子账单使企业能够快速生成和发送发票，提高财务结算效率。最后，灵活的多币种结算。企业可以通过数字化转型带来的多币种结算平台，在不同国家和地区之间进行快速、低成本的货币兑换和结算，

以灵活应对企业在进口交易时不同币种的问题。

基于此，本章提出假说1。

假说1：数字化转型能够对企业进口行为起到正向促进作用。

二、数字化转型对企业进口行为的间接影响效应

首先，数字化转型能够通过提升生产率以扩大企业积极进口行为。一方面，数字化转型主要通过降低成本、提高企业专业化分工和生产运营以提高全要素生产率。数字化转型能够通过抑制企业劳动过度投资和缓解劳动投资不足，以促进企业劳动效率的提升，降低成本（张功富等，2023）；能够提升企业专业化分工水平以及通过数字化智能、自动化生产线，提高生产效率和产品质量（袁淳等，2021），增强企业的竞争力和市场响应能力。另一方面，生产率提升通过提高产品质量和优化供应链管理以促进企业进口行为。第一，生产率能够促进产品质量提升，而高质量的产品更能符合国际市场需求，从而增加企业进口的机会。第二，生产率提高能够优化供应链管理以提高进口环节的效率和增加进口渠道和机会。此外，随着进口来源地的增多、进口来源地的分散，有利于企业全要素生产率水平的提升，反之，当生产率较高时，企业将倾向于选择增加进口活动，即进口的“自我选择”效应以扩大企业进口行为（魏浩等，2017）。

其次，数字化转型能够通过缓解企业融资约束促进企业进口行为。一方面，数字化转型能够缓解企业融资约束。由于融资约束导致不同投融资决策，影响企业经营和发展，而数字化转型为企业提供了数字化平台、金融科技公司等更多融资选择和方式，使企业贷款利率更加透明，优化价格型渠道，在线融资降低地域限制，缩短了传统借贷市场的时间和空间距离，均可以为企业优化融资环境以缓解融资约束（何剑和魏涛，2022）。另一方面，企业融资约束得到缓解能够扩大积极的企业进口行为，即数字化转型有利于减弱融资约束对企业进口行为的负面影响。首先，融资约束的缓解使得企业加大资金流动性，增强购买力，使材料和技术的进口增加，提升生产效率的同时，促进产品质量的提升，增强企业的竞争力。其

次，融资约束的缓解使企业更好抓住市场机会，进行企业相关技术升级和产品质量提升，从而扩大企业进口行为。

基于此，提出以下假说。

假说2：数字化转型能够通过促进生产率提升对企业进口行为产生积极影响。

假说3：数字化转型能够通过缓解融资约束对企业进口行为产生积极影响。

第三节　模型假定与数据说明

一、模型构建

（一）基准回归模型

为有效验证数字化转型对企业进口行为的影响，本书构建基准回归模型如式（7-1）所示：

$$Im_{i,t} = \alpha_0 + \alpha_1 Digtrans_{i,t} + \alpha_2 Control_{i,t} + SymbolFE + YearFE + \varepsilon_{i,t} \quad (7-1)$$

其中，$Im_{i,t}$表示i企业在t年的进口行为，主要包括进口规模、进口高技术产品和进口数量；$Digtrans_{i,t}$表示i企业在t年的数字化转型程度；$Control_{i,t}$为控制变量合集；SymbolFE和YearFE分别为企业个体固定效应和年份固定效应；$\varepsilon_{i,t}$为随机扰动项。α_1衡量了数字化转型对企业进口行为带来的影响，若显著为正，则数字化转型有利于企业进口行为，反之则不利于企业进口行为。

（二）中介效应模型

根据假说2和假说3，数字化转型可以通过多途径影响企业行为，本部分建立如式（7-2）所示的中介效应模型，分析数字化转型影响企业进口行为的具体实现路径。

$$Im_{i,t} = \alpha_0 + \alpha_1 Digtrans_{i,t} + \alpha_2 Control_{i,t} + SymbolFE + YearFE + \varepsilon_{i,t}$$

$$M_{i,t} = \beta_0 + \beta_1 Digtrans_{i,t} + \beta_2 Control_{i,t} + SymbolFE + YearFE + \varepsilon_{i,t}$$

$$Im_{i,t} = \gamma_0 + \gamma_1 Digtrans_{i,t} + \gamma_2 M_{i,t} + \gamma_3 Control_{i,t} + SymbolFE + YearFE + \varepsilon_{i,t} \tag{7-2}$$

其中，$M_{i,t}$为中介变量，在本书中代表的相关变量指标，其他含义与模型（7-1）相同，本模型的关注重点为β_1、γ_1、γ_2，若其显著，说明数字经济可以通过影响企业进口行为，即中介效应成立。

二、相关变量测度及其说明

（一）核心解释变量

数字化转型（Digtrans）。参考赵宸宇（2021）的做法，对数字技术应用、互联网商业模式、智能制造、现代信息系统四个维度数字化相关词频进行词频统计，如表 7-1 所示。稳健性检验中参考管理世界中吴非（2021）的做法，对人工智能技术、大数据技术、云计算技术、区块链技术、数字技术运用五个维度数字化相关词频进行统计。

表 7-1　　数字化转型指标构建相关词频库

数字化转型	数字技术应用	数据管理、数据挖掘、数据网络、数据平台、数据中心、数据科学、数字控制、数字技术、数字通信、数字网络、数字智能、数字终端、数字营销、数字化、大数据、云计算、云 IT、云生态、云服务、云平台、区块链、物联网、机器学习
	互联网商业模式	移动互联网、工业互联网、产业互联网、互联网解决方案、互联网技术、互联网思维、互联网行动、互联网业务、互联网移动、互联网应用、互联网营销、互联网战略、互联网平台、互联网模式、互联网商业模式、互联网生态、电商、电子商务、Internet、互联网+、线上线下、线上到线下、线上和线下、O2O、B2B、C2C、B2C、C2B
	智能制造	人工智能、高端智能、工业智能、移动智能、智能控制、智能终端、智能移动、智能管理、智能工厂、智能物流、智能制造、智能仓储、智能技术、智能设备、智能生产、智能网联、智能系统、智能化、自动控制、自动检测、自动监控、自动检测、自动生产、数控、一体化、集成化、集成解决方案、集成控制、集成系统、工业云、未来工厂、只能故障诊断、生命周期管理、生产制造执行系统、虚拟化、虚拟制造
	现代信息系统	信息共享、信息管理、信息集成、信息软件、信息系统、信息网络、信息终端、信息中心、信息化、网络化、工业信息、工业通信

（二）核心被解释变量

企业进口行为主要包括企业进口规模（Imscale）、进口高技术产品（Imhightq）和进口产品数量（Imquantity）。其中，进口规模是通过取企业海外进口的产品总金额的对数值来表示；进口高技术产品以企业当年是否进口高技术产品表示，通过海关总署公布的表示高新技术产品 HS 编码，从产品进口名称里筛选出企业当年是否进口高技术产品。定义高技术产品的 HS 编码如表 7－2 所示。进口产品数量是通过取企业每年从海外进口的产品数量的对数值来表示。

表 7－2　　　　海关高技术产品 HS 编码

高技术产品	28442，28444，28459，28521，291462，291469，29189，292149，292216－292219，292229，292249，29225，292425，292429，2928，29306，29307，29308，29309，2931，293214，293219，2932209，293291－293292，293299，293319，293329，293339，293349，293359，29339，29343，29349，29371，293723，293729，2940，30021，30024－30029，30046，30049，3818，38221，8401，8411，84121，842489，84271，84289，8443319，8443321，8443329，8443999，84561，84562－84569，8457，845811，845891，84591，845921，845931，845941，845951，845961，84597，8460121，8460221，8460231，8460241，846031，84604，84609，84612－84613，84615，84619，8462111，8462191，8462221，846223－846226，8462321，846233，846242，846251，8462611，8462621，8462691，8462901，84641，84649，84705，8471，84733，84735，84795，84797，847989，84799，8486，85049，850819，85086，85087090，85143，851521，851531，8517121，8517122，851713，8517141－8517142，851718，851761－851769，8517791－8517799，85192，85198119，85198121，85198129，85198139，85198990，8521，8523291，85232929，852341，8523492，8523499，8523512，852352，8523592，8523802，8523809，852411，852491，8525－8526，852842，852852，852862，852869，852871，852872，85299，8534，85371，8540799，854089，85411－85415，85419，8542，85431－85432，85447，880211－880212，88023－88026，88052，8806－8807，90011，90019，90029，90051，90058，900661，900791，90118－90119，9012，90131，90141－90142，90148，90149，90151－90154，90158，90172，901811－901814，90185，9019，90211，90213－90219，90221－90223，90229，90241，90248，90273，90275，90279，90292，90301，90302，903031，903033－903040，903082，903141，903149，90318，90328，901819，90189，90309

（三）中介变量

一方面，全要素生产率作为企业增长情况的重要指标，始终关系着地区和国家的增长质量问题，因此以OP方法测算的全要素生产率作为中介机制之一，该指数越大，企业生产率水平越高；另一方面，融资约束作为企业内外融资产生成本差异的结果，其代表企业的不确定性风险，因此本书以融资约束作为中介变量，分析其是否随着数字化转型得到缓解。参照康进军等（2024），本书根据债务与股权的比例判断融资限制的程度，使用企业资本市场融资选择的WW指数表示企业融资约束水平，该指数越大，说明融资约束越严重。

（四）控制变量

为更加全面地探讨数字化转型对企业进口行为产生的影响，本书主要选取企业年龄（Age）、总资产净利润率（ROA）、赫芬达尔指数（HHI）、托宾Q值（Tobin）、流动资产比率（CR）作为控制变量，将其纳入回归模型以提高估计结果的稳健性和准确性。

三、样本数据

本书研究企业样本区间为2000—2016年，数据主要来源于各上市企业的年报、国泰安数据库和中国海关数据库。对于企业进口行为相关数据主要基于企业—年份维度，将国泰安上市企业主要信息与中国海关数据库合并获取。此外，本书对样本期内存在*ST或ST的企业进行剔除，对大数值数据取对数处理以及所有的变量进行剔除极端值和在1%水平上缩尾处理，表7-3为主要变量描述性统计。

表7-3　主要变量描述性统计

变量	样本量	平均值	标准差	最小值	最大值
Imscale	9520	14.421	3.034	3.497	20.902
Imhightq	9520	0.585	0.493	0	1
lnquantity	9520	11.281	5.006	0	24.487
WW	9520	-0.985	0.07	-1.833	-0.155

续表

变量	样本量	平均值	标准差	最小值	最大值
TFP	9520	6.325	0.872	1.674	10.779
DigtransA	9520	3.159	10.251	0	122
Age	9520	5.899	4.839	0	22
ROA	9520	0.039	0.055	-0.536	0.224
HHI	9520	0.192	0.165	0.031	1
Tobin	9520	1.916	1.074	0.894	9.321
CR	9520	0.583	0.178	0.095	0.96

第四节　数字经济对企业进口行为影响的实证检验——微观视角

一、基准回归分析

表7-4为采用双向固定效应模型基准回归结果，其中第（1）—（3）列和第（4）—（6）列分别为以进口规模和进口高质量作为被解释变量的进口行为回归结果，且依次加入企业、年份固定效应及控制变量。从进口规模来看，第（3）列 Digtrans 的核心系数在1%水平上显著为正，即数字化转型程度每增加1%，进口规模增加0.778%；从进口高技术产品来看，Digtrans 的系数在1%水平上显著为正，即数字化程度每增加1%，企业对高技术产品的进口增加0.148%。因此可以发现，数字化转型有利于企业的进口行为，随着其程度的不断增大，进口规模和高技术产品的进口量会显著增加和扩大，即数字化转型显著扩大了企业积极的进口行为，因此，假说1得到验证。

二、内生性检验

由于数字化转型和企业进口行为之间可能受一些不可观测因素的影响，导致基准回归模型存在内生性问题结果出现偏误。本书采取以下方法

表 7-4　　基准回归结果

Variables	(1) Imscale	(2) Imscale	(3) Imscale	(4) Imhightq	(5) Imhightq	(6) Imhightq
Digtrans	-0.577 (0.303)	0.683 (0.429)	0.778*** (0.289)	0.096* (0.050)	0.134** (0.056)	0.148*** (0.057)
Control	No	No	Yes	No	No	Yes
Year	No	Yes	Yes	No	Yes	Yes
Symbol	No	Yes	Yes	No	Yes	Yes
N	9520	9520	9520	9520	9520	9520
R^2		0.016	0.020		0.018	0.021

解决内生性问题以提高结论的稳健性。

（一）测量误差

通过对所有变量中心化处理解决由测量误差所带来的内生性问题，如表 7-5 所示，第（1）列和第（2）列分别为进口规模和进口高技术产品作为被解释变量，数字化转型的回归系数依然 1% 的水平上显著为正，因此排除测量误差所造成的偏差。

表 7-5　　测量误差和遗漏变量

Variables	(1) CImscale	(2) CImhightq	(3) Imscale	(4) Imhightq
CDigeconomy	0.778*** (0.289)	0.147*** (0.057)		
Digeconomy			0.758*** (0.290)	0.147*** (0.057)
样本量	9520	9520	9520	9520

（二）遗漏变量

由于无法将全部控制变量加入到回归模型中，所以本部分在基准回归基础上，通过加入净资产收益率（ROE）和账面市值比（Mbratio）新的可观测变量来解决遗漏变量引起的内生性问题，如表 7-5 第（3）列和第

(4) 列在双向固定后，核心解释变量的系数在1%水平上显著为正，即可以排除由于遗漏变量造成的偏差。

三、稳健性检验

为进一步提高结论的稳健性，本书主要从以下三个方面进行稳健性检验，表7-6为稳健性检验结果。

表7-6　稳健性检验

Variables	(1) Imscale	(2) Imhightq	(3) Imquantity	(4) Imscale	(5) Imhightq
Digtrans	0.092* (0.053)	0.086*** (0.031)	0.196** (0.100)	0.895** (0.417)	0.312*** (0.092)
Control	Yes	Yes	Yes	Yes	Yes
Year	Yes	Yes	Yes	Yes	Yes
Symbol	Yes	Yes	Yes	Yes	Yes
N	9520	9520	9520	9520	9520
R^2	0.041	0.021	0.036	0.026	0.022

(一) 更换核心解释变量

参考管理世界中吴非（2021）的做法，对人工智能技术、大数据技术、云计算技术、区块链技术、数字技术运用五个维度数字化相关词频进行统计数字化转型，第（1）列和第（2）列以进口规模和进口高质量产品作为被解释变量回归结果，结果显示Digtrans的估计系数分别在10%和1%水平上显著为正，本章核心结论依然成立。

(二) 更换被解释变量

表7-6的第（3）列为企业进口产品数量作为被解释变量的回归结果，结果显示，Digtrans的核心系数在5%水平上显著为正，即企业数字化转型程度每增加1%，进口数量增加0.196%，本章核心结论依然成立。

(三) 缩尾处理

为进一步排除异常值对核心结论的影响，第（4）列和第（5）列为对所有变量在5%水平上进行缩尾处理后回归结果。结果显示，核心解释变量 Digtrans 的估计系数依然分别在5%和1%的水平上显著为正，因此本章核心结论依然成立。

四、异质性分析

本部分将数据分样本回归以回答企业数字化转型对进口行为的影响是否存在异质性，回归结果如表7-7所示。

表7-7　异质性分析

Variables	(1) Imscale 国有	(2) Imscale 非国有	(3) Imhightq 国有	(4) Imhightq 非国有	(5) Imscale 大规模	(6) Imscale 小规模	(7) Imhightq 大规模	(8) Imhightq 小规模
Digtrans	-0.123 (1.282)	0.884** (0.430)	0.251** (0.104)	0.119* (0.068)	-0.163 (0.686)	1.734*** (0.608)	0.173** (0.085)	0.081 (0.091)
Control	Yes	Yes	Yes	Yes	Yes	Yes	Yes	Yes
Year	Yes	Yes	Yes	Yes	Yes	Yes	Yes	Yes
Symbol	Yes	Yes	Yes	Yes	Yes	Yes	Yes	Yes
N	3677.000	5049.000	3619.000	4928.000	4534.000	4221.000	4457.000	4118.000
R^2	0.029	0.019	0.026	0.021	0.024	0.027	0.021	0.028
Chow-Test-P	0.000***	0.050**	0.010***	0.000***				

（一）企业所有制异质性

第（1）—（4）列为企业所有制异质性分析。从进口规模来看，数字化转型对国有企业进口规模有负向影响但不显著，对非国有企业进口规模具有显著的正向影响，即企业数字化转型更能扩大非国有企业的进口规模；从进口高技术产品来看，企业数字化转型对国有企业和非国有企业高技术产品进口的均具有促进作用，且国有企业的促进作用更加显著。可能的原因如下：一方面，国有企业在丰富的资源和政府支持下，其传统模式下的进口规模相对稳定，企业数字化转型带来的边际效益较小，数字化转型对其进口规模的影响相对不明显，而非国有企业结构和决策更灵活，能够迅速适应市场变化，通过数字化转型提升效率和抓住机会，以实现进口规模的扩大。另一方面，高技术产品具有较高的技术含量和附加值，是实现数字化转型的重要组成部分。企业数字化转型会增加对先进技术和设备的需求，从而促进高技术产品的进口，而国有企业在丰富的资源、政策支持和引导以及广阔的产业领域下，数字化转型对高技术产品进口方面更显著的促进作用。此外，企业所有制异质性中组间系数差异检验的 P 值分别为 0.000 和 0.050，显著拒绝不存在结构性差异的原假设，即在不同企业所有制下，数字化转型对企业进口行为的影响存在显著差异。

（二）企业规模异质性

参考已有文献，本部分以样本数据中企业总资产这一变量的中位数作为参考值，将企业规模大于等于中位数定义为大规模企业，反之则为小规模企业。回归结果如表 7－7 第（5）—（8）列所示。从进口规模来看，大规模企业的核心被解释变量 Digtrans 的估计系数为负但不显著，而小规模企业的进口规模的估计系数显著为正，说明企业数字化转型更能够促进小规模企业的进口规模；从进口高技术产品来看，大规模企业的核心被解释变量估计系数在 5% 水平上显著为正，而小规模企业 Digtrans 系数不显著，说明企业数字化转型更能促进大规模企业的高技术产品的进口。以上结果可知，企业数字化转型能够促进小规模企业的进口规模，而更能促进大规模企业的高技术产品进口，可能的原因如下：大规模企业一般面临更大的竞争，所以创新更重要，进口高新技术产品能够更好地实现技术溢出和学习效应以提升企业的“质”。小规模企业更加注重利润，以数量来获取市场以提升企业的“量”。此外，企业规模异质性中其组间系数差异检验的 P 值分别为 0.010 和 0.000，均在 1% 水平上显著，即拒绝不存在结构性差异的原假设，说明数字化转型对企业进口行为的影响存在显著差异。

五、机制检验

在基准回归部分已经验证数字化转型对企业进口行为总体的影响效应，并通过一系列的内生性分析和稳健性检验后该结论稳健成立。本部分通过设立中介机制模型进一步分析这种促进效应的具体影响机制，检验结果如表7-8所示。第（1）—（4）列为以全要素生产率作为中介变量的检验结果。首先，以企业全要素生产率作为被解释变量，数字化转型对全要素生产率的影响在1%的水平上显著为正，即通过数字化转型显著提高企业生产率。其次，在基准回归模型中加入全要素生产率后，从进口规模来看，企业数字化转型和全要素生产率分别在5%和1%水平上显著为正。从高技术产品来看，企业数字化转型和全要素生产率分别在10%和5%水平上为正。因此，数字化转型能够通过降本增效和改善供应链管理进而提升企业生产效率，促进企业扩大进口规模和加大高技术产品的进口，即扩大积极的进口行为，假说2得到验证。

表7-8　机制检验分析

Variables	(1) TFP	(2) Imscale	(3) TFP	(4) Imhightq	(5) WW	(6) Imscale	(7) WW	(8) Imhightq
Digtrans	0.677*** (0.098)	0.602** (0.304)	0.677*** (0.098)	0.108* (0.059)	-0.605*** (0.127)	0.672** (0.291)	-0.605*** (0.127)	0.129** (0.056)
TFP		0.436*** (0.073)		0.336** (0.151)				
WW						-0.173*** (0.051)		-0.024** (0.012)
Control	Yes	Yes	Yes	Yes	Yes	Yes	Yes	Yes
Year	Yes	Yes	Yes	Yes	Yes	Yes	Yes	Yes
Symbol	Yes	Yes	Yes	Yes	Yes	Yes	Yes	Yes
N	9520	9520	9520	9520	9520	9520	9520	9520
R^2	0.455	0.029	0.455	0.024	0.368	0.022	0.368	0.022

第（5）—（8）列为以融资约束作为中介变量的检验结果。首先，以企业融资约束作为被解释变量，数字化转型对融资约束的影响在1%的水平上显著为负，即数字化转型能够缓解融资约束。其次，在基准回归模型中加入融资约束后，从进口规模来看，企业数字化转型和融资约束分别在5%水平上显著为正和1%水平上显著为负。从高技术产品来看，企业数字化转型和融资约束的系数分别在5%水平上为正和5%水平上为负。因此，

数字化转型能够通过缓解企业融资约束而扩大进口规模和加大高技术产品的进口，即扩大积极的企业进口行为，假说3得到验证。

第五节　本章小结

本章利用2000—2016年微观企业层面的数据构建基准回归模型，分析了数字化转型对企业进口行为的影响。研究发现，数字化转型显著促进了企业积极的进口行为，即扩大企业进口规模和高技术产品的进口，且在进行内生性处理和稳健性检验后，核心结论依然成立。异质性分析发现：一方面，数字化转型更能扩大非国有企业的进口规模且对国有企业和非国有企业高技术产品进口均具有促进作用；另一方面，大规模企业更注重创新，促进高新技术产品的进口，而小规模企业更加注重利润，扩大企业进口规模获取市场。机制检验结果表明，数字化转型能够通过提升企业生产率和缓解融资约束促进积极的企业进口行为。

第四篇

数字经济赋能进口高质量发展的路径与政策研究

第八章　数字经济赋能进口高质量发展的路径与政策启示

第一节　数字经济赋能进口高质量发展的路径选择及启示

一、数字经济赋能进口高质量发展的路径选择：宏观视角

本书利用2011—2022年中国30个省份的面板数据构建基准回归模型，探究数字经济是否能够有效赋能进口高质量发展。研究发现，在样本考察期内，数字经济显著促进进口高质量发展，且这一核心结论在经过一系列稳健性检验后依然成立。异质性分析发现：数字经济对进口高质量发展的促进效应差异与省份所属的地理位置有关。由于地理位置的差异，位于长江经济带的11个省份赋能作用更加显著。机制检验结果表明，数字经济能够通过加大创新投入和教育投入以及改善绿色效应来提高进口高质量发展。因此，在宏观视角的研究结论基础上，本书提出以下数字经济赋能进口高质量发展的路径和政策建议。

第一，在顶层战略层面，政府应做好国家在数字经济领域进口贸易相关服务工作。首先，加强数字经济要素监管与保护，推进数字经济监管体系和监管能力现代化。一方面，国家应鼓励支持各省份建立大数据安全产业示范区，提高地区进口信息安全水平；另一方面，在国际层面要素监管与保护可以减小跨境数据流动带来交易活动中潜在的国家安全隐患。其次，增强国际贸易话语权，积极对接国际贸易规则，减小非正常贸易壁

垒。我国应该积极加强与伙伴国家的交流与合作，维护多边贸易体制，深化双边和多边区域经济合作，向世界展现中国积极扩大进口的决心，提供超大规模中国市场，以推进区域经济一体化。最后，融入全球要素分工格局，推进“优出优进”双向平衡战略，为数字经济驱动进口高质量创造新路径。一方面，政府应该制定数字经济“优出优进”双向平衡发展战略，优化我国数字经济产业相关配置；另一方面，应该合理统筹国内外数字经济全球产业价值链的布局，鼓励支持企业深度参与全球价值链的产业分工与合作。

第二，在具体实施战略层面。我国应该加快可持续数字经济体系建设，鼓励企业以技术创新为引领，转向创新驱动和数字化智能化，在降低能源消耗与环境污染的基础上实现进口高质量发展。首先，加大数字创新投入，促进创新驱动，以数字技术创新持续驱动进口高质量发展，打造数字经济产业进口新生态。一方面，鼓励并支持企业数字技术创新，完善进口平台及模式，制定企业独具特色的数字进口战略计划；另一方面，要关注引进和培养具有先进技术知识的专业人才，提高整体创新水平，满足数字经济下进口高质量新要求，积极发挥教育投入的积极渠道作用。其次，引导要素驱动向创新驱动转变，推动数字技术创新，减小能源消耗与污染，持续实现绿色产出效应，为进口高质量发展添绿。企业应根据数字化手段推进技术创新，将业务流程、生产运营等传统方式向数智化升级的同时，进一步提高供应链绿色管理，监测生产过程中的能源消耗和排放，利用新型数字技术以较少耗能和污染提高能源利用效率。因此，企业应该加快数字化智能化改造，为数字经济驱动进口高质量发展培育新动能，为整个数字经济体系的持续增长和高质量发展提供有利环境。

此外，国家还应该重视区域协同非同时同步发展。国家应增强进口贸易促进创新示范区的建设，支持引导示范区带动周边地区的进口高质量发展以及经济发展，形成地区特色产业联动和产业集群效应，促进区域内和区域间的可持续发展。

二、数字经济赋能进口高质量发展的路径选择：微观视角

同时，本书利用2000—2016年微观企业层面的数据构建基准回归模型，分析了数字化转型对企业进口行为的影响。研究发现，数字化转型显著促进了企业积极的进口行为，即扩大企业进口规模和高技术产品的进口，且在进行内生性处理和稳健性检验后核心结论依然成立。异质性分析发现：一方面，数字化转型更能扩大非国有企业的进口规模且对国有企业和非国有企业高技术产品进口均具有促进作用；另一方面，大规模企业更注重创新，促进高新技术产品的进口，而小规模企业更加注重利润，扩大企业进口规模获取市场。机制检验结果表明，数字化转型能够通过提升企业生产率和缓解融资约束促进积极的企业进口行为。因此，基于以上微观视角的研究结论，主要提出以下政策建议。

（一）加大力度推动企业数字化转型

首先，企业应该制定数字化发展战略。数字经济已然成为经济发展的重要驱动力，成为企业不可忽视的关键领域。因此企业应综合考量制定自身的数字化发展战略，为确定数字化转型提供长远和即时发展的依据以提高市场需求和企业竞争力。其次，完善企业数字基础设施。一方面，企业积极引入云计算、大数据等先进的数字化技术到数字化转型的建设中，将其融入到企业的核心业务中以优化运营效率；另一方面，注重数字人才的培育和引入。企业需要招募更多的数字化人才，树立数字化转型的理念，引导员工积极参与到数字化转型中去。最后，进行数字化改革。智转数改、智能化改造、数字化转型是大势所趋，也是企业转型的必修课。企业通过建设新型数字基础设施促进数字化转型，以提高企业生产率水平和缓解企业在不同阶段可能面临的融资困境状态时的融资约束等问题。

（二）以数字转型促推企业进口发展

一方面，通过数字化转型扩大进口规模和高技术产品的进口，以数字贸易激发进出口外贸发展的新引擎。充分利用数字化转型带来新的技术与

生产方式，提高企业生产运营效率的同时，积极参与全球数字贸易合作平台，拓展国际市场，加强企业之间技术和资源的交流与合作；另一方面，合理平衡数字化转型对企业不同所有制和不同规模的进口行为所带来的差异化影响。在企业所有制方面，继续发挥数字化转型对国有企业和非国有企业高技术产品进口的促进作用，并积极扩大国有企业的进口规模，使国有企业更好地服务于国家经济发展和社会利益；在企业规模方面，大规模企业在加大高技术产品的进口，激励创新实现“质”的飞跃的同时也要注重进口规模的合理化，促进高质量规模的扩大。小规模企业在扩大进口规模的同时也要注重“质”的提升，提高产品质量和整体水平，以实现高水平的进口与发展，应对全球化风险和国际贸易挑战。

第二节　数字经济赋能进口高质量发展的未来展望

一、数字经济发展为进口高质量发展提供了新机遇

数字经济的蓬勃发展，尤其是互联网、大数据、云计算和人工智能技术的广泛应用，为进口贸易带来了前所未有的机遇。首先，数字技术提高了进口贸易的效率和便捷性。通过电子商务平台，进口商能够快速接触到全球供应商，实现在线交易和快速物流，大大降低了交易成本和时间。其次，数字经济推动了供应链的透明化和优化。利用大数据分析，进口商可以更准确地预测市场需求，优化库存管理，降低库存成本和风险。最后，数字经济还促进了创新和新产品的引入。通过数字平台，进口商能够更快地发现和引进国外的新技术、新产品，满足市场的多样化需求。

此外，数字经济还催生了国际贸易新业态新模式，培育重塑全球价值链的全新动力。数字化已经成为国际贸易领域新业态、新模式和新形式重要的催化剂。在适应数字经济时代背景下，贸易标的物、贸易工具和贸易方式“数字化”转型的发展趋势，开辟了前景广阔的“数字贸易”全新时代。

二、数字经济发展为进口高质量发展带来了新挑战

尽管数字经济为进口贸易带来了诸多机遇，但同时也带来了一系列挑战。首先，数据治理和进口治理问题日益凸显。随着数据成为重要的生产要素，如何确保数据的安全、合规流动，成为各国政府和企业面临的共同挑战。例如，数据本地化存储要求、数据跨境流动限制等，都可能对进口贸易造成影响。其次，进口风险管理变得更加复杂。网络安全威胁、知识产权侵权、假冒伪劣商品等问题在数字环境下更加突出，进口商需要投入更多资源进行风险防控。最后，数字经济还可能导致市场集中度提高，形成垄断，这对中小企业来说是一个挑战。如何在保护创新和促进公平竞争之间找到平衡，是数字经济时代需要解决的问题。数字贸易壁垒的规制困境也不容忽视。现有世界贸易组织（WTO）规则在应对新型数字贸易壁垒方面显得力不从心，而自 2001 年开始的多哈回合谈判事实上处于停滞局面。在这一背景下，发达国家主导并达成了新型区域贸易协定或条例，确立了规范跨境数据流动、个人隐私保护和推动数字经济发展的新型贸易规则，这给进口贸易带来了新的挑战和适应要求，也为后续进一步研究数字经济发展和进口贸易高质量发展留下研究空间。

参考文献

[1] 包彤．数字技术赋能制造业结构双重优化：效益提升与绿色转型［J］．南方经济，2023（12）：83－106.

[2] 包振山，韩剑，翁梅，等．数字经济如何促进对外贸易高质量发展［J］．国际经贸探索，2023，39（2）：4－20.

[3] 陈玲，孙君，李鑫．评估数字经济：理论视角与框架构建［J］．电子政务，2022（3）：40－53.

[4] 陈万钦．数字经济理论和政策体系研究［J］．经济与管理，2020，34（6）：6－13.

[5] 陈晓红，李杨扬，宋丽洁，等．数字经济理论体系与研究展望［J］．管理世界，2022，38（2）：208－224＋13－16.

[6] 戴艳娟，沈伟鹏．大数据发展如何影响企业全要素生产率？——基于内外部双重视角的分析［J］．云南财经大学学报，2024，40（2）：78－94.

[7] 杜传忠，李泽浩．数字化转型对企业 ESG 表现的影响研究［J］．华东经济管理，2024（7）：1－12.

[8] 方杰炜，施炳展，胡锟．知识产权保护、质量阶梯与发展中国家进口质量赶超［J］．世界经济，2023，46（7）：3－26.

[9] 冯霄汉，于文广，孙榕，等．数字经济对企业养老保险缴费的影响研究［J/OL］．财经论丛，1－15［2024－10－09］．https：//doi. org/10. 13762/j. cnki. cjlc. 20240929. 002.

[10] 谷均怡，李青蓝，班元浩．数字化转型能否推动中国企业进口

扩大——来自上市公司的经验分析［J］. 南方经济，2023（11）：123－141.

［11］郝盼盼，孟爽，原东良．企业创新会推动进口竞争下的企业高质量发展吗？——基于“竞争战略偏向效应”和“韧性效应”［J］. 产业经济研究，2023（3）：115－127.

［12］何大东．中国数字经济现状及未来发展［J］. 治理研究，2021（3）：5－15＋2.

［13］何剑，魏涛．数字金融削弱了货币政策有效性吗？——来自上市公司投资行为的证据［J］. 财贸研究，2022，33（2）：52－67.

［14］胡日东，张涛．中国省域数字经济与实体经济深度融合——动态演进趋势与障碍因子识别［J］. 吉林大学社会科学学报，2024，64（4）：172－188＋239.

［15］黄浩，姚人方．数字经济规模的核算——结合国民账户与增长核算的框架［J］. 经济学动态，2024（1）：74－92.

［16］贾婷月，张兆安，司继春，等．数字基础设施能推动制造业高质量发展吗？——基于创新与人力资本结构双重视角的研究［J］. 上海经济，2023（6）：21－38.

［17］江艇．因果推断经验研究中的中介效应与调节效应［J］. 中国工业经济，2022（5）：100－120.

［18］蒋灵多，刘双双．数字普惠金融与中国进口扩张［J］. 世界经济文汇，2023（6）：1－19.

［19］金祥义，张文菲．数字金融发展促进了中国企业出口吗？——理论机制和中国证据［J］. 南开经济研究，2022（4）：81－99.

［20］金鑫，孙群力，金荣学．数字化转型、新质生产力与企业创新绩效［J］. 海南大学学报（人文社会科学版），1－11.

［21］金泽虎，邓超．长三角地区数字经济高质量发展效应——基于进口贸易的视角［J］. 华东经济管理，2024，38（3）：12－22.

［22］康进军，刘娜，范英杰．MD&A 语调、融资约束与企业创新

[J]. 会计之友，1-9.

[23] 李宏兵，张少华. 数字经济国际合作赋能我国贸易高质量发展：机制、挑战与路径 [J]. 国际贸易，2023 (12)：50-60.

[24] 李金昌，史龙梅，徐蔼婷. 高质量发展评价指标体系探讨 [J]. 统计研究，2019，36 (1).

[25] 李坤望，王有鑫. FDI促进了中国出口产品质量升级吗？——基于动态面板系统GMM方法的研究 [J]. 世界经济研究，2013 (5).

[26] 李磊，马欢. "一带一路"倡议与高质量进口 [J]. 南开学报（哲学社会科学版），2022 (2).

[27] 李柔，张鹏杨. 进口对工资的影响研究——基于供应链的视角 [J]. 国际贸易问题，2023 (8)：158-174.

[28] 李瑞琴，陈丽莉. 企业数字化转型与进口贸易的高质量发展 [J]. 中国特色社会主义研究，2023 (5)：44-53.

[29] 李秀芳，施炳展. 中间品进口多元化与中国企业出口产品质量 [J]. 国际贸易问题，2016 (3).

[30] 李瑶，李磊，刘俊霞. 我国省际高质量发展水平测度 [J]. 统计与决策，2022，38 (16).

[31] 凌晨，秦思佳，戴翔. 数字化转型、全球价值链嵌入与制造业企业TFP [J]. 国际商务研究，2024，45 (5)：67-81.

[32] 刘东阁，景国文，管海锋. 企业数字化与开放式创新——渠道识别、影响因素分析与异质性检验 [J]. 华东经济管理，2024，38 (6)：44-55.

[33] 刘方，孟祺. 数字经济发展：测度、国际比较与政策建议 [J]. 青海社会科学，2019 (4)：83-90.

[34] 刘航，杨丹辉. 高质量进口能带来成本节约效应吗 [J]. 中国工业经济，2020 (10)：24-42.

[35] 刘军，杨渊鋆，张三峰. 中国数字经济测度与驱动因素研究 [J]. 上海经济研究，2020 (6)：81-96.

［36］刘文慧，史宝娟．中国省域数字经济发展的非线性环境效应及空间溢出效应［J］．统计与决策，2024，40（16）：22－27.

［37］陆璐．基于信息技术的流通经济数字化转型对供应链效率的影响——以大数据分析为中介效应研究［J］．商业经济研究，2024（14）：97－100.

［38］马光明，高源．居民受教育广度、深度与文化产品进口［J］．国际商务（对外经济贸易大学学报），2023（2）：52－66.

［39］明翠琴，彭宏亮．数字经济、城市经济高质量发展与空间溢出效应——基于长三角26个城市的实证研究［J/OL］．华东经济管理，1－11［2024－10－09］．https：//doi.org/10.19629/j.cnki.34－1014/f.240203014.

［40］尼古拉·尼葛洛庞帝．数字化生存［M］．海口：海南出版社，1996.

［41］倪一宁，孟宁，马野青．进口竞争、对外技术引进与企业创新质量提升［J］．世界经济研究，2023（7）：92－106＋136.

［42］欧阳日辉．数字经济的理论演进、内涵特征和发展规律［J］．广东社会科学，2023（1）：25－35＋286.

［43］逄建，朱欣民．国外数字经济发展趋势与数字经济国家发展战略［J］．科技进步与对策，2013（8）：124－128.

［44］任雪，刘婉琪，周先东，等．数字经济概念内涵界定与统计分类改进［J］．经济学家，2024（1）：45－55.

［45］师博，任保平．中国省际经济高质量发展的测度与分析［J］．经济问题，2018（4）.

［46］施炳展，曾祥菲．中国企业进口产品质量测算与事实［J］．世界经济，2015，38（3）：57－77.

［47］屠西伟，张平淡．企业数字化转型、碳排放与供应链溢出［J］．中国工业经济，2024（4）：133－151.

［48］王凡凡．数字经济发展对城市绿色创新的影响及其空间溢出［J/OL］．海南大学学报（人文社会科学版），1－10［2024－10－09］.

https：//doi. org/10. 15886/j. cnki. hnus. 202408. 0131.

[49] 王绍媛，冯之晴．中国制造业进口质量对出口质量的影响——基于RCEP小环流和全球大环流价值链视角 [J]．北京工商大学学报（社会科学版），2023，38（4）：23－34.

[50] 王喆，陈胤默，张明．测度全球数字经济发展：基于TIMG指数的特征事实 [J]．金融评论，2021，13（6）：40－56＋118－119.

[51] 王智新，高天，王若男．数字创新赋能数字经济发展研究：一个文献综述 [J]．科学管理研究，2022（5）：91－97.

[52] 魏方．中国出口质量的空间分布、阶梯动态与结构分解 [J]．国际贸易问题，2019（1）.

[53] 魏浩，李翀，赵春明．中间品进口的来源地结构与中国企业生产率 [J]．世界经济，2017，40（6）：48－71.

[54] 魏浩，李晓庆．知识产权保护与中国企业进口产品质量 [J]．世界经济，2019，42（6）.

[55] 魏敏，李书昊．新时代中国经济高质量发展水平的测度研究 [J]．数量经济技术经济研究，2018，35（11）.

[56] 吴非，胡慧芷，林慧妍，等．企业数字化转型与资本市场表现——来自股票流动性的经验证据 [J]．管理世界，2021，37（7）：130－144＋10.

[57] 吴佳熠．数字经济在产业层面的表现 [D]．南京：南京大学，2020.

[58] 向书坚，吴文君．OECD数字经济核算研究最新动态及其启示 [J]．统计研究，2018，35（12）：3－15.

[59] 谢绚丽，沈艳，张皓星，等．数字金融能促进创业吗？——来自中国的证据 [J]．经济学（季刊），2018，17（4）：1557－1580.

[60] 谢宜章，李标．数字经济对先进制造业绿色技术创新的影响及其路径——基于2011—2022年沪深A股上市公司样本的考察 [J]．湖南农业大学学报（社会科学版），2024，25（5）：96－105.

［61］徐盈之，童皓月．金融包容性、资本效率与经济高质量发展［J］．宏观质量研究，2019，7（2）30.

［62］徐志向，丁任重．新时代中国省际经济发展质量的测度、预判与路径选择［J］．政治经济学评论，2019，10（1）.

［63］许家云，刘书利，王玥清．数字化转型如何影响企业进口？［J］．世界经济研究，2023（9）：29－45＋134.

［64］许家云．数字普惠金融如何影响企业进口增量提质［J］．国际贸易问题，2022（10）：1－18.

［65］许宪春，张美慧．中国数字经济规模测算研究——基于国际比较的视角［J］．中国工业经济，2020（5）：23－41.

［66］姚常成，沈凯玙．要素流动视角下数字经济与区域经济的包容性增长效应［J］．经济地理，2023，43（4）：10－19.

［67］姚毓春，李金城．数字化转型与国有企业技术创新：基于环境不确定性与关系嵌入的新视角［J］．中国软科学，2024（7）：122－136.

［68］叶胥，蔡睿堃，龙燕妮．数字经济如何有效赋能服务业高质量发展［J］．经济问题探索，2024（4）：16－34.

［69］余文涛，杜博涵，翁明芳．数字经济政策与中国产业结构升级：影响机制与经验证据［J］．厦门大学学报（哲学社会科学版），2024，74（5）：95－107.

［70］袁淳，肖土盛，耿春晓，等．数字化转型与企业分工：专业化还是纵向一体化［J］．中国工业经济，2021（9）：137－155.

［71］袁瀚坤，韩民春．数字经济发展与贸易结构转型升级——来自中国微观企业层面的经验证据［J］．国际经贸探索，2023，39（8）：21－39.

［72］袁晓辉，孙伟轩．数字经济影响农村产业融合的机理研究——基于中国省域面板数据的实证研究［J］．管理学刊，2024，37（3）：143－158.

［73］詹新宇，崔培培．中国省际经济增长质量的测度与评价——基

于“五大发展理念”的实证分析［J］. 财政研究，2016（8）.

［74］张东玲，刘妍，吴昊．大数据战略视角下数字经济对城市生态效率的影响研究［J］. 陕西师范大学学报（哲学社会科学版），2024，53（5）：31-48.

［75］张功富，詹俊，吕月童．数字化转型如何影响企业劳动投资效率［J］. 财会月刊，2023，44（5）：153-160.

［76］张亮亮，刘小凤，陈志中国数字经济发展的战略思考［J］. 现代管理科学，2018（5）：90-92.

［77］张铭心，汪亚楠，郑乐凯，等．数字金融的发展对企业出口产品质量的影响研究［J］. 财贸研究，2021，32（6）：12-27.

［78］张鹏杨，何宗樾，张硕．数字金融对进口贸易的影响效应研究——基于拉动国内消费需求视角［J］. 当代经济研究，2022（8）：115-128.

［79］张涛．高质量发展的理论阐释及测度方法研究［J］. 数量经济技术经济研究，2020，37（5）.

［80］张洋．政府补贴提高了中国制造业企业出口产品质量吗［J］. 国际贸易问题，2017（4）.

［81］赵宸宇．数字化发展与服务化转型——来自制造业上市公司的经验证据［J］. 南开管理评论，2021，24（2）：149-163.

［82］赵春明，钟晓欢，班元浩．高水平开放下的税收治理：进口竞争与企业避税［J］. 世界经济，2024（6）：36-64.

［83］赵涛，张智，梁上坤．数字经济、创业活跃度与高质量发展——来自中国城市的经验证据［J］. 管理世界，2020，36（10）：65-76.

［84］赵卫军，张爱英，Muhammad Waqas Akbar. 中国文化消费影响因素分析和水平预测——基于误差修正与历史趋势外推模型［J］. 经济问题，2018（7）：59-66.

［85］赵星．数字经济发展现状与发展趋势分析［J］. 四川行政学院学报，2016（4）：85-88.

[86] 赵玉鹏，王志远．数字经济与数字经济时代浅议 [J]．广西民族学院学报（哲学社会科学版），2003 (S1)：113－114.

[87] 朱洁西，李俊江．数字经济、技术创新与城市绿色经济效率——基于空间计量模型和中介效应的实证分析 [J]．经济问题探索，2023 (2)：65－80.

[88] 邹一南，赵俊豪．中国经济发展方式转变指标体系的构建与测度 [J]．统计与决策，2017 (23).

[89] Acquisti A. The economics and behavioral economics of privacy [J]. Privacy, big data, and the public good: Frameworks for engagement, 2014 (1): 76－95.

[90] Baggs Jen, James A Brander. Trade liberalization, profitability, and financial leverage [J]. Journal of International Business Studies, 2006 (37): 196－211.

[91] BEA. Defining and Measuring the Digital Economy [R/OL]. https://www.bea.gov/digital－Economypdf/defining－and－measuring－the－digital－economy.pdf, 2018.

[92] Curzi D, Raimondi V, Olper A. Quality upgrading, competition and trade policy: Evidence from the agri－food sector [J]. European Review of Agricultural Economics, 2015, 42 (2): 239－367.

[93] Dagum C. A New Approach to the Decomposition of the Gini Income Inequality evidence from the agri－food sector [J]. European Review of Agricultural Economics, 2014.

[94] Feenstra, Robert C, John Romalis. International prices and endogenous quality [J]. The Quarterly Journal of Economics, 2014, 129 (2): 477－527.

[95] Li R, Rao J, Wan L. The digital economy, enterprise digital transformation, and enterprise innovation [J]. Managerial and Decision Economics, 2022, 43 (7): 2875－2886.

[96] Lin F. Estimating the effect of the Internet on international trade [J]. The Journal of International Trade & Economic Development, 2015 (3): 1 – 20.

[97] Lyu Y, Wang W, Wu Y, et al. How does digital economy affect green total factor productivity? Evidence from China [J]. Science of The Total Environment, 2023 (857): 159428.

[98] Mlachila M, Tapsoba R, Tapsoba S J. A Quality of Growth Index for Developing Countries; A Proposal [J]. IMF Working Papers, 2014. Ratio [J]. Empirical Economics, 1997, 22 (4).

[99] OECD. A Proposed framework for Digital Supply – Use Tables [R/OL]. http://www.oecd.org/official documents / public display document pdf, 2018.

[100] Pan, Yu, Li Ma, et al. How and what kind of cities benefit from the development of digital inclusive finance? Evidence from the upgrading of export in Chinese cities [J]. Economic research Ekonomska is traživanja, 2022, 35 (1): 3979 – 4007.

[101] Wilson J S, Mann C L, Otsuki T, Trade Facilitation and Economic Development: A New Approach to Quantifying the Impact. [J]. The World Bank Economic Review, 2003, 17 (3).

[102] Yonghong L, Jie S, Ge Z, et al. The impact of enterprise digital transformation on financial performance—Evidence from Mainland China manufacturing firms [J]. Managerial and Decision Economics, 2023, 44 (4): 2110 – 2124.

[103] Zhang X, Wang Y. Research on the Influence of Digital Technology and Policy Restrictions on the Development of Digital Service Trade [J]. Sustainability, 2022, 14 (16): 10420.

[104] Zhao S, Zhang L, Peng L, et al. Enterprise pollution reduction through digital transformation? Evidence from Chinese manufacturing enterprises

[J]. Technology in Society, 2024 (77): 102520.

[105] Zhou C, Zhang D, Chen Y. Theoretical framework and research prospect of the impact of China's digital economic development on population [J]. Frontiers in Earth Science, 2022 (10): 988608.

附　录

数字经济赋能河北对外贸易高质量发展研究

——基于 11 个地级市的实证研究

第一章　绪论

第一节　相关概念界定

一、数字经济

数字经济已经成为重要的时代特征，是继农业经济、工业经济之后的主要经济形态，在促进世界经济发展中发挥了重要作用，其中“数字”是指能够提高生产率，且作为最重要的生产要素存在的知识和信息。习近平总书记多次指出要释放数字对经济发展的放大、叠加、倍增作用。随着数字经济不断发展，新的业态不断产生，数字经济的概念内涵也不断丰富，国际组织、部分国家和有关研究机构大体从广义和狭义两种口径对数字经济展开讨论。从广义的角度，采用电子订购或电子交付方式实现交易的经济活动属于数字经济，这一观点在 G20 杭州峰会上得到了中国、俄罗斯、韩国等的认可。G20 杭州峰会通过了《二十国集团数字经济发展与合作倡议》，首次将“数字经济”列为 G20 创新增长蓝图中的一项重要议题，数字经济的概念应运而生："以使用数字化的知识和信息作为关键生产要素、以现代信息网络作为重要载体、以信息通信技术的有效使用作为效率提升和经济结构优化的重要推动力的一系列经济活动。"从狭义的角度，将数字经济视为主要基于互联网及相关信息通信技术（ICT）的产业活动。我国相关研究机构和学者围绕这两个角度对数字经济定义展开讨论。"数字产业化"和"产业数字化"成为当前较为广泛的共识。其中，数字产业化是指数字技术创新和数字产品生产等经济活动，主要是电子信息制造业、信息通信业、互联网行业和软件服务业等；产业数字化是指国民经济非数字产业部门使用数字技术和数字产品带来的产出增加和效率提升。

数字经济这一专业概念最早由美国IT咨询专家唐·塔普斯科特提出，但他只描述了数字经济的某些特征，并未对数字经济做出明确的定义。尼古拉·尼葛洛庞第将数字经济定义为"利用比特而非原子"的经济。此概念充分指出了数字经济基于网络的本质，在数字经济发展早期有较大影响力。这些内涵没有对数字经济做出明确清晰的行业分类与边界限定。有学者将数字经济定义为以数字化信息为核心生产要素、以信息技术为支撑、以现代信息网络为主要载体、以数字化技术提供产品或服务，是技术融合、产业融合、生产者与消费者融合的新型经济形态。也有部分研究从测量的角度描述数字经济的内涵，如经济合作与发展组织（OECD）连续多年在其报告中提及数字经济，并将其定义为：在新兴信息技术的冲击下，人类生产活动由原子加工转变为信息加工的生产模式。这样的表述定义没有将一般意义上的数字零售、数字内容服务等新型经济贸易活动包括在内。

二、对外贸易高质量发展

在新发展思想的指导下，对外贸易高质量发展的内涵可被定义为：以创新系统（包括技术创新、制度创新和模式业态创新）为动力，以协调平衡的贸易结构为基础，以低消耗、高回报为基本特征，以开放发展为基本模式，以促进贸易自由化、便利化为基本形式，以更包容、更普惠的共享思想为实践指导，以创新、协调、可持续、开放、普惠为特征的高质量发展道路。

第二节　国内外研究现状

一、数字经济相关研究

关于数字经济的研究主要围绕三个方面：数字经济的具体内涵、规模测算以及数字经济引发的经济效应。“数字经济”是由国外学者唐·塔普斯科特首次提出的，他将“数字经济”定义为以因特网为基础的一种新的经济形态。基于这一背景，本文从互联网、信息产业和数字技术三个角度出发，对数字经济及其带来的经济影响进行了研究。学者们通过测量算法、阈值法、指标体系法等多种手段来评估数字经济的发展程度，将其看作一种数字技术与社会经济发展相结合的实际体现，它是一种通过数字技术改造和升级传统生产和管理的新的经济形式，是一种新的、与传统产业相结合的新的业态。与此同时，研究还表明，数字经济能够有效地提升区域创新效率，推动产业结构升级，推动城市绿色发展。此外，数字经济还可以从提高服务效率，优化要素配置，提高技术创新等方面，推动我国经济的高质量发展。

二、对外贸易高质量发展相关研究

目前国内外有关外贸高质量发展的研究集中在两个方面：一是衡量我国外贸高质量发展水平。朱启荣等从增长速度、国际竞争力、经济效益、社会效益、资源利用、绿色发展等六个角度对我国对外贸易的质量进行了全面的评估；马林静从外贸结构、外贸绩效、外贸竞争力、规模地位和发展持续性等五个方面对2001—2017年外贸增长的质量进行了测度和评估；付文宇等从我国对外贸易发展的环境、条件、能力和合作程度四个方面，建立了我国对外贸易高质量发展的评估指标。二是对我国外贸高质量发展的制约因素及实现途径进行探讨。裴长洪等建议，要发挥数字技术的作用，促进我国制造产业的转型升级，建立新的商品贸易、服务贸易的竞争优势；王敏等对长江经济带11个省份2010—2019年的外贸效率进行了测算，得出了产业结构优化和技术进步能够提高外贸效率的结论；杨成玉等通过对中东欧16个国家的出口构成进行分析，发现对外直接投资有利于促进中国的出口结构的优化和对外贸易的快速增长。

三、数字经济与对外贸易高质量发展相关研究

迟明园和石雅楠认为随着数字经济的迅速发展，以及它与实体经济的深度融合，外贸行业的差异化程度越来越大。重组加快，新的产品、新的形式、新的模式都会被催生出来，行业的生态也得到了重建，从而推动了外贸的生产。Azmeh 等认为，数字经济已成为全球贸易的重要推动力；刘萍等从理论层次上进行了实证研究，得出了发展数字化贸易能够促进我国对外贸易的高质量发展；孟祺等通过对 2005—2016 年世界 34 个国家 GVC 指数的实证研究，得出了高水平数字经济对一国贸易的高质量发展具有显著的推动作用；姚战琪通过对数据的中介检验，得出了数字经济对我国对外贸易的影响，主要表现在人力资本与技术创新两个方面。杨继军等发现发展数字经济可以促进外贸新旧动能的转化，促进制造业及其他相关行业的发展水平与空间，形成新的对外贸易增长点。包振山等通过固定效应模型对我国中西东部发展差异性进行研究，发现数字经济发展水平的提升对对外贸易高质量发展具有显著的正向空间溢出效应，并且数字经济通过人力资本、产业升级和创新产出等中介变量，促进了我国对外贸易高质量发展。

第二章 河北省对外贸易高质量发展状况分析

第一节 河北省对外贸易发展概况（2010—2023 年）

一、贸易规模

河北省是华北地区的腹心地带，北京、天津两市的外围，自古即是京畿要地。河北地处华北、渤海之滨，现辖 11 个地级市、167 个县（市、区），其中有 49 个市辖区、21 个县级市、91 个县、6 个自治县。河北省不断激发创新活力，奋力打造全国对外开放高地。根据河北省的历年统计数据可知，河北省对外贸易出口总量、出口贸易额、进口贸易额基本呈逐年上升的趋势，从附图 2 - 1 可以看出这一发展趋势。2010—2011 年以及 2012—2014 年，河北省的进出口总额呈现稳步上升的趋势，2014 年之后，河北省的进出口总额呈现下降趋势，其主要因素来源于国际和国内贸易环境的改变：首先，世界经济发展疲软，很多国家都承受着经济下滑的压力，需求减少，贸易额减少；其次，中国产品在国际市场上的竞争日趋激烈，产品在国际市场上受到了很大的冲击；再次，国际物价尤其是日用品的降价，也给中国出口带来了一些压力；最后，国内的结构问题也对外贸产生了一定的冲击，如提高了产品的生产成本，降低了企业的竞争力。这一切都是 2016 年外贸下滑的主要原因。好在 2017 年之后，河北省的经济有所恢复，发展趋势持续向好，外贸总额逐渐上升；2019—2021 年，河北省的对外贸易保持了较快的速度，这主要是由于河北省在应对疫情困难的同时，及时出台了相应的政策，稳定了对外贸易的发展。附表 2 - 1 为 2010—2022 年河北省进出口总额及情况，由附表 2 - 1 可知，2010 年河北省进出口总额达到 2838.53 亿元，2022 年达到 5629.00 亿元，同比增加 2790.47 亿元，这是一个可喜的发展趋势。河北省对外贸易在河北省政府的正确引导下，不断扩大，并且河北省对外贸易还将会继续扩大。

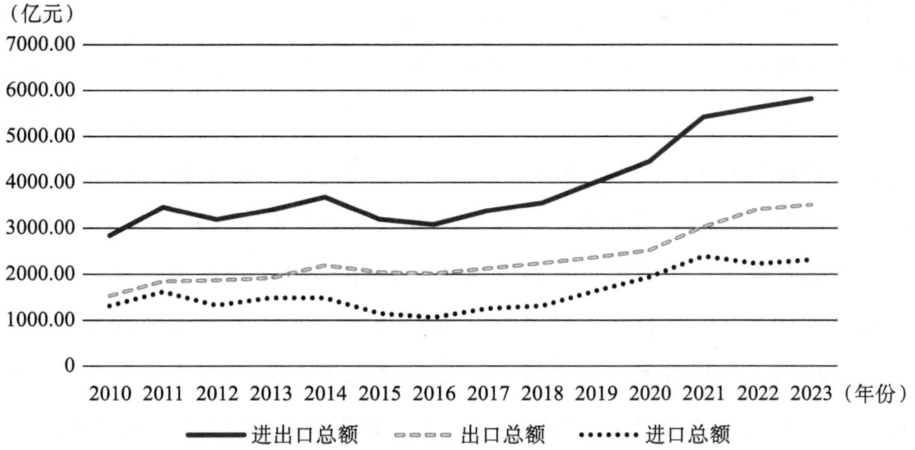

附图 2－1 河北省进出口贸易总额趋势（2010—2023 年）

附表 2－1　　2010—2023 年河北省对外贸易总额　　单位：亿元

年份	进出口总额	出口总额	进口总额
2010	2838.53	1527.88	1310.65
2011	3461.86	1846.17	1615.68
2012	3190.84	1868.74	1322.09
2013	3399.01	1917.60	1481.41
2014	3678.87	2194.12	1484.75
2015	3192.38	2042.06	1150.32
2016	3078.23	2014.43	1063.81
2017	3378.81	2126.07	1252.75
2018	3553.16	2242.17	1310.99
2019	4002.08	2370.54	1631.54
2020	4456.77	2520.76	1936.01
2021	5417.51	3029.66	2387.85
2022	5629.00	3407.40	2221.60
2023	5818.40	3505.50	2312.90

数据来源：河北省人民政府、河北省统计局。

二、贸易结构

中低端产品占主导，机电和高新技术产品发展迅速。从 2017—2022 年河北省的出口结构来看，汽车零部件、陶瓷卫生用品、玻璃制品等中高档产品的比例很大，在出口产品中占据了很大的比例，而劳动密集型、资源型、低附加值的低端产品，如服装、纺织纱线织物、煤炭、农产品等，在国家的政策冲击下，容易出现波动，发展不稳，技术密集型的高新技术产品和机电产品的出口增速很快，并且具有很大的发展空间。

根据石家庄海关的统计资料，河北省2017—2022年的高科技进出口产品有电子技术，生命科技，计算机和通信技术，计算机集成制造技术，航空航天技术，材料技术，光电技术，生物技术等。河北省的机电产品及高科技产品在国际市场上占有很大的比例，表明该行业已进入技术积累阶段。从进口的结构来看，河北省的商品种类已经趋于稳定，而初级商品的比例在不断降低，而制成品的比例在不断增加，这也反映出河北省的经济发展状况正在逐步改善。

在河北省的出口中，纺织纱线、织物及制品出口185.4亿元，增长4.3%；服装及衣着附件出口159.2亿元，下降10.6%；钢材出口274.4亿元，下降28.5%；农产品出口158.6亿元，增长11.8%；机电产品出口1627.3亿元，增长33.1%；高新技术产品出口248.8亿元，下降1.6%。对共建“一带一路”国家进出口总额2127.2亿元，比上年增长13.3%。其中，出口1462.9亿元，增长16.5%；进口664.3亿元，增长6.9%。具体如附表2-2所示。

附表2-2　2023年河北省主要商品出口数量、金额及增长速度

商品名称	单位	数量	金额（亿元）	比上年增长（%）
机电产品	—	6817533840	1627.3	33.1
高新技术产品	—	1686362261	248.8	-1.6
农产品	—	1562799176	158.6	11.8
煤及褐煤	千克	244864000	3.7	1.7
医药材及药品	千克	185698263	94.5	-15.1
纺织纱线、织物及制品	—	1780015350	185.4	4.3
陶瓷产品	千克	494445089	61.7	0.6

续表

商品名称	单位	数量	金额（亿元）	比上年增长（%）
钢材	千克	4785883486	274.4	-28.5
汽车零配件	—	591697669	203.5	15.1
家具及其零件	—	94776654	105.2	31.2
服装及衣着附件	—	559966600	159.2	-10.6

出口商品方面，河北省机电产品出口占比近4成。根据附图2-2的数据可以看出，2012—2015年河北省机电产品出口虽有下降，但2017年以来又开始迅速增长。这是受国际环境的影响，河北省的机电产品出口出现了一定波动，2015年机电产品出口较2014年下降9.2%，在出口总值中所占份额呈现下降趋势，但2016—2017年呈增长态势，约占河北省出口总值的三分之一，尤其在2020年之后，机电产品出口增长势头更加猛烈，机电产品逐渐成为河北省的主要出口力量。钢材商品出口额在2010—2014年一直稳定上升，且在2014年达到峰值，然而在2015年之后，钢材出口却出现了下降趋势，同一时期，劳动密集型产品和高新技术产品的出口比重不断攀升，农产品的发展趋势十分稳定且平缓。

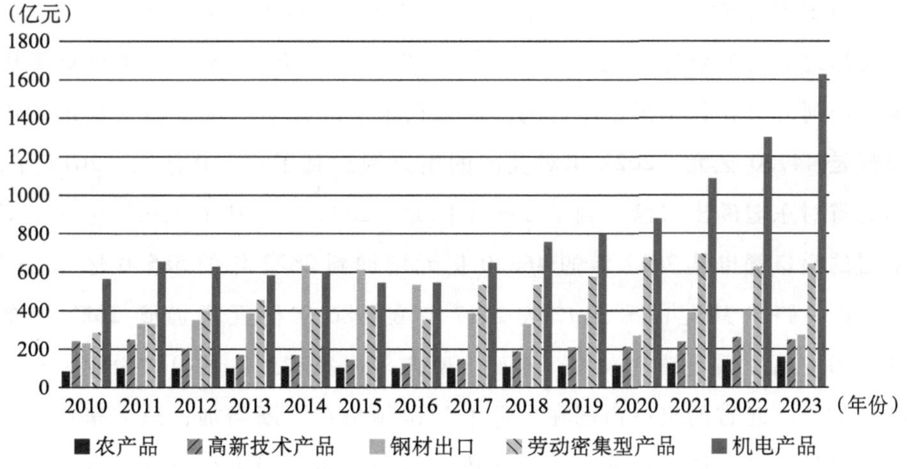

附图2-2 河北省主要出口商品（2010—2023年）

三、贸易市场

河北省自对外贸易发展以来，一直坚持对外开放，与国际接轨，不断扩大东盟、俄罗斯、欧盟、美国等国家和地区的市场。随着“一带一路”战略的提出，河北省的对外贸易市场也随之扩大，河北省在“一带一路”上的口岸建设不断完善。同时，河北省与“一带一路”共建国家的合作也在不断加强，这使得河北省对外贸易规模不断扩大。但是河北省出口市场集中分布在部分国家和地区，对河北省多元化贸易出口市场的构建造成不利的影响。2013—2015 年河北省的商品主要出口到东盟、欧盟、美国、俄罗斯、韩国等国家和地区，出口商品的市场比较集中，没有太大的波动。2013 年，河北省对欧盟、东盟、韩国以及美国和俄罗斯这五个国家和地区的出口比重达到了 57.8%，而到 2015 年达到了 62.8%。这五个国家和地区的出口量超过河北省出口总量的一半，但存在很大发展潜力的像南非、德国、印度等新兴出口贸易市场的市场份额却很小，比例在 10% 左右，这会使河北省的出口企业容易受到进口国家和地区的政治、经济和军事方面因素的制约，不利于河北省的出口贸易企业有力地规避一些风险。而到了 2017 年，河北省对“一带一路”共建国家的进出口总额为 986.9 亿元，2022 年达到 1968.3 亿元，“一带一路”共建国家的发展潜力越来越大，已经是河北省对外贸易最大的出口市场，但是“一带一路”共建有众多国家，而河北省在各个国家所占的份额却很少。2017 年，河北省对美国的出口额是 449.0 亿元，2022 年对美国的出口额达到了 627.0 亿元。2017 年，河北省对东盟的出口额达到了 296.4 亿元，2022 年达到了 766.7 亿元，对欧盟的出口额也从 2017 年的 466.0 亿元增加到 2022 年的 585.0 亿元，对“一带一路”共建国家出口从 2017 年的 986.9 亿元增加到 2022 年的 1968.0 亿元。河北省对美国、东盟、欧盟等国家和地区的出口份额都在不断增加，河北省的出口市场在世界上的份额也在不断增加，总体来说，河北省对外贸易发展呈现稳定增长态势，与全球多个国家和地区的贸易合作不断深化，显现出其对外贸易发展的多元化与活力。具体如附表 2-3 所示。

附表 2-3　2010—2022 年河北省主要贸易国家和地区出口额　单位：亿元

年份	欧盟	美国	东盟	韩国	日本	“一带一路”共建国家
2010	385.9	193.3		119.7	78.4	
2011	428.3	223.8		147.7	90.3	
2012	317.4	244.8		140.1	95.3	
2013	285.9	240.5	236.5	123.2	93.7	
2014	232.1	229.1	214.9	111.1	86.6	
2015	264.9	284.3	240.7	126.9	89.6	
2016	289.6	263.0		138.8	97.6	
2017	466.0	449.0	296.4	145.0	107.2	986.9
2018	498.0	422.0	327.0	132.7	110.4	1082.6
2019	491.0	351.0	425.0	153.6	103.0	1277.2
2020	456.0	439.0	486.0	134.5	104.0	1342.3
2021	543.0	586.0	579.0	188.4	106.0	1612.0
2022	585.0	627.0	766.7	197.3	118.6	1968.0

数据来源：河北省人民政府、河北省统计局（由于官方网站并未公布导致部分年份数据缺失）。

四、贸易方式

一般贸易绝对主导，加工贸易发展缓慢。近些年来，河北省对外贸易的方式比较单一，一般贸易在对外贸易总额中占据主导位置；加工贸易增长缓慢，发展严重不足；在加工贸易内部，进料加工贸易所占比重远远高于来料加工贸易比重；其他形式的贸易绝对数偏低，占对外贸易总体的比重较小，在贸易总体中微乎其微。这可能是由于河北省的对外贸易主要集中在传统的资源型产品上，高附加值产品表现不突出，商品的生产要素内涵非常匮乏。高端产品的加工贸易缺乏，意味着河北省的廉价劳动力和人才资源没有得到充分利用。

附表 2-4 是河北省 2010—2022 年的一般贸易和加工贸易金额及占比，其中一般贸易额随着出口总额的增长而不断增长着，比重不断扩大，基本维持在 80%—90%，但加工贸易额却在不断减少，并且所占比重也不断减少，这一数据直观地展示了河北省对外贸易方式的比重严重失衡，一般贸易的主体地位持续保持，并且其他贸易方式在贸易总体中地位微弱。长此以往，河北省的贸易方式将更加单一，浪费了省内丰富且低廉的劳动力优势，高端产品行业迟迟得不到重视和发展，不利于经济长期可持续发展。

附表 2-4　　2010—2022 年河北省主要贸易方式及占比

年份	出口总额（亿元）	一般贸易（亿元）	一般贸易占比（%）	加工贸易（亿元）	加工贸易占比（%）
2010	1527.9	1216.8	80	277.2	18
2011	1846.2	1541.5	83	270.9	15
2012	1868.7	1571.8	84	261.2	14
2013	1917.6	1585.5	83	249.5	13
2014	2194.1	1904.0	87	259.1	12
2015	2042.1	1771.3	87	201.3	10
2016	2014.4	1834.2	91	152.4	8
2017	2126.1	1874.0	88	163.6	8
2018	2242.2	1970.0	88	174.6	8
2019	2370.5	2020.1	85	175.6	7
2020	2520.8	2169.2	86	166.6	7
2021	3029.7	2588.8	85	214.2	7
2022	3407.4	3022.8	89	166.5	5

数据来源：河北省人民政府、河北省统计局。

五、贸易竞争力

通过对河北省对外贸易的总体依存度和市场份额的对比，本文对河北省的对外贸易竞争力进行了研究。对外贸易依存度是指一个国家或者一个地区的对外贸易值（进口额、出口额）与国内生产总值（GDP）之间的比例。外贸依存度包括出口依存度、进口依存度和进出口依存度，其测算方法是出口、进口以及进出口总额与 GDP 的比例。一个国家或地区的贸易依存度越高，说明其经济越开放，也代表这个国家或地区在国际市场上更有竞争力，同时贸易依存度高可以提高国家或地区在国际上的地位，因为这代表着国家或地区所参与的贸易交流更广泛。附表 2－5 是 2010—2022 年河北省的贸易依存度，2010—2014 年，河北省外贸依存度较高，在 14% 左右的水平上下浮动，但是到了 2015 年之后，贸易依存度开始不断下降，在 11% 的水平上下浮动，2021—2022 年河北省贸易依存度回升到了 13% 的水平，但较 2010 年相比仍有不足。贸易依存度低表明了河北省的贸易依赖国际的程度较低，外贸出口水平低，在国际市场上的竞争力较低。

附表 2－5　　2010—2022 年河北省贸易依存度

年份	外贸依存度	出口依存度	进口依存度
2010	0.158	0.085	0.073
2011	0.162	0.086	0.076
2012	0.138	0.081	0.057
2013	0.140	0.079	0.061
2014	0.146	0.087	0.059
2015	0.121	0.077	0.044
2016	0.108	0.071	0.037
2017	0.110	0.069	0.041
2018	0.109	0.069	0.040
2019	0.114	0.068	0.047
2020	0.124	0.070	0.054
2021	0.134	0.075	0.059
2022	0.133	0.080	0.052

数据来源：河北省人民政府、河北省统计局。

六、对外贸易高质量发展

构建经济高质量发展评价指标体系，对我国经济高质量发展水平进行测算，是进行区域差异分析和影响因素实证分析的基础，也是促进我国经济高质量发展水平提升，将高质量发展理念落实到具体经济实践活动中的有效工具。

根据经济高质量发展内涵，并结合河北省经济实际情况，本文将开放、协调、可持续、创新和国际竞争力五个维度作为衡量对外贸易发展的一级指标，与之对应的对外贸易依存度、贸易进出口平衡度、贸易增加值贡献率、R&D 投入率和 TC 指数作为二级指标，建立对外贸易高质量发展的综合指标体系。利用熵值法对河北省经济高质量发展水平进行测算，指标说明及测算结果如附表 2－6 和附表 2－7 所示。

附表 2－6　　河北省对外贸易高质量发展评价指标体系

一级指标	二级指标	指标测量
开放	对外贸易依存度	进出口总额/生产总值
协调	贸易进出口平衡度	进口额/出口额
可持续	贸易增加值平衡率	出口增加值/GDP
创新	R&D 投入率	R&D 经费/第三产业总产值
国际竞争力	TC 指数	（出口－进口）/（出口＋进口）

附表 2－7　　2010—2022 年河北省对外贸易高质量发展指数

年份	对外贸易依存度	贸易进出口平衡度	贸易增加值贡献率	R&D 投入率	TC 指数
2010	0.158	0.858	0.023	0.022	0.077
2011	0.162	0.875	0.015	0.022	0.067
2012	0.138	0.707	0.001	0.027	0.171
2013	0.140	0.773	0.002	0.028	0.128
2014	0.146	0.677	0.011	0.030	0.193
2015	0.121	0.563	－0.006	0.030	0.279
2016	0.108	0.528	－0.001	0.029	0.309
2017	0.110	0.589	0.004	0.031	0.258
2018	0.109	0.585	0.004	0.031	0.262
2019	0.114	0.688	0.004	0.031	0.185
2020	0.124	0.768	0.004	0.035	0.131
2021	0.134	0.788	0.013	0.037	0.118
2022	0.133	0.652	0.009	0.041	0.211

第三章 河北省各市域对外贸易高质量发展概况

一、石家庄市

由附图 3－1 至附图 3－3 数据可以看出，在进出口总额方面：2010—2016 年出口总额平稳发展，呈现水平发展趋势，2016—2021 年呈现稳步增长趋势，但是在 2021—2022 年呈现急剧下降趋势。进口总额在 2010—2012 年呈现下降趋势，2012—2015 年呈现先增长后下降趋势，2015—2018 年平稳发展，呈现水平趋势，2018—2021 年呈现急剧增长趋势，2021—2022 年急剧下降。

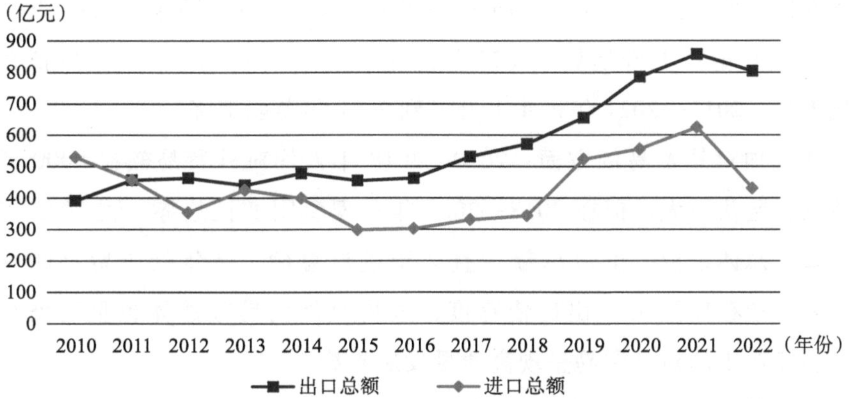

附图 3－1 石家庄市进出口总额数据

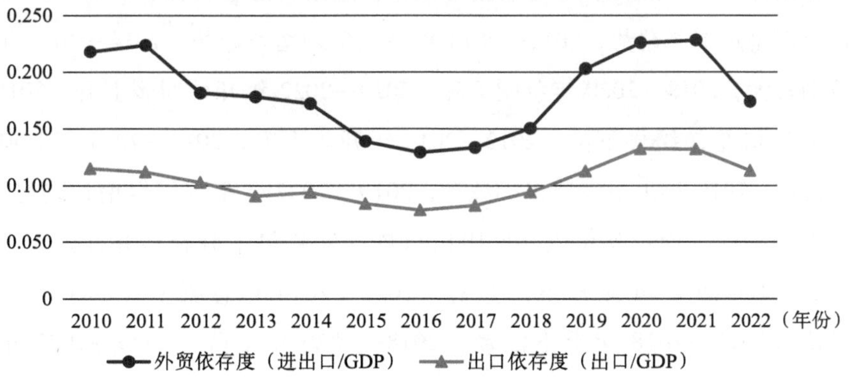

附图 3－2 石家庄市依存度数据

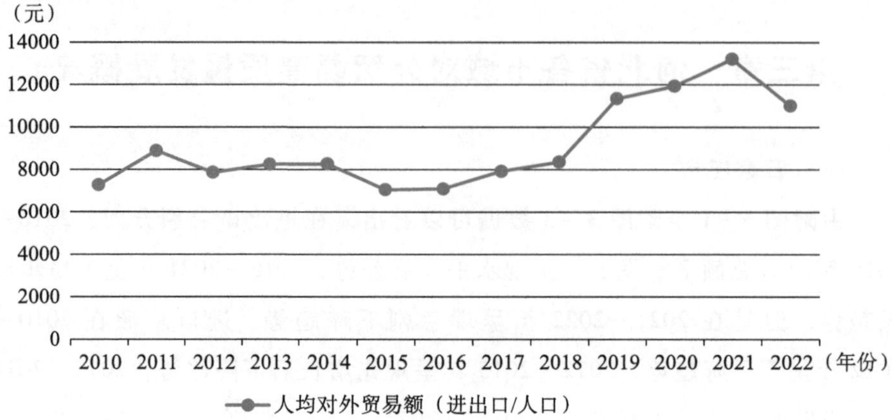

附图 3-3 石家庄市人均对外贸易额数据

在依存度方面：2010—2016 年外贸依存度呈现稳定下降趋势，2017—2021 年呈现稳步上升趋势，2022 年急剧下降。2010—2016 年出口依存度缓慢下降，2017—2021 年稳步上升，到 2022 年急剧下降。

在人均对外贸易额方面：2010—2018 年人均对外贸易额在 8000 元上下波动，起伏不大。但在 2018—2021 年呈现急剧增长趋势，到 2022 年急剧下降。总体来说，出口总额一直大于进口总额，常年处于贸易顺差状态，外贸依存度远大于出口依存度，人均对外贸易额总体也呈现增长趋势，石家庄市的对外贸易呈现高质量发展趋势。

二、承德市

由附图 3-4 至附图 3-6 数据可知，在进出口总额方面：2010—2012 年出口总额呈现下降趋势，2012—2014 年呈现急剧增长趋势，2014—2018 年上下波动较大，2018—2020 年急剧下降，2020—2022 年开始回暖上升。2010—2012 年进口总额缓慢下降，2012—2014 年开始上升，2014—2015 年急剧下降，2015—2019 年水平发展很少波动，2019—2022 年呈现缓慢增长趋势。

在依存度方面：外贸依存度跟出口依存度趋势十分相似并接近，总体来看，2010—2012 年呈现下降趋势，2012—2014 年急剧上升，2015 年急剧下降，2015—2018 年上下波动，2018—2020 年下降，2020—2022 年呈现缓慢增长趋势。

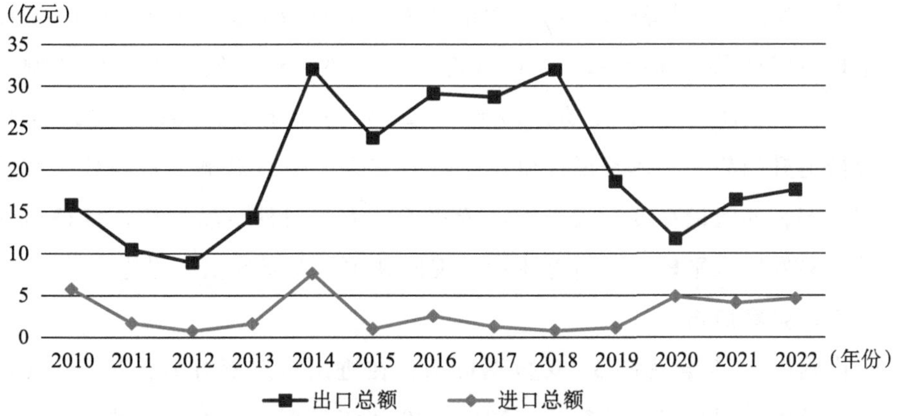

附图 3－4　承德市进出口总额数据

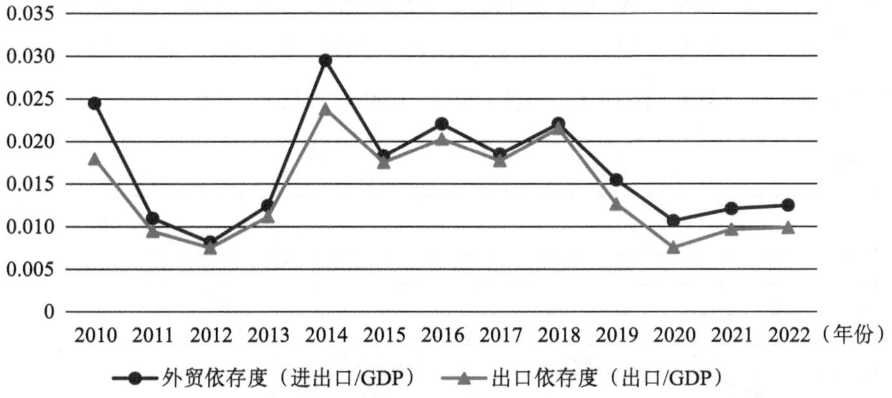

附图 3－5　承德市依存度数据

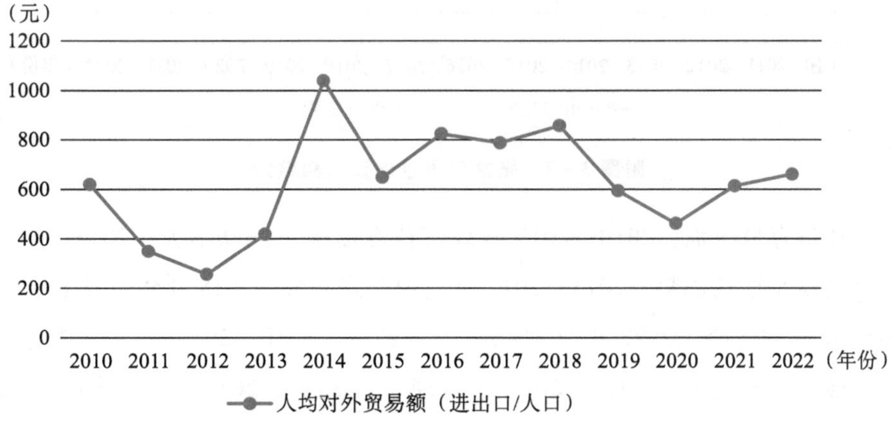

附图 3－6　承德市人均对外贸易额数据

在人均对外贸易额方面：承德市的人均对外贸易额不高，2010—2012年呈现下降趋势，2012—2014年呈现上升趋势达到峰值，2015年急剧下降，2015—2018年上下波动，2018—2020年急剧下降，2020—2022年呈现缓慢上升趋势。总体来说，出口总额一直大于进口总额，常年处于贸易顺差状态，外贸依存度远大于出口依存度，人均对外贸易额低，承德市的对外贸易发展水平较低，但总体仍呈现向高质量发展的积极趋势。

三、张家口市

由附图3-7至附图3-9数据可知，在进出口总额方面：2010—2015年出口总额呈现稳步上升趋势，2016—2019年呈现稳步下降趋势，2019—2022年呈现急剧增长趋势。2010—2013年进口总额呈现水平发展趋势，2013—2015年呈现缓慢上升趋势，2015—2017年缓慢下降，2017—2018年急剧增长，2018—2019年急剧下降，2019—2022年缓慢下降。

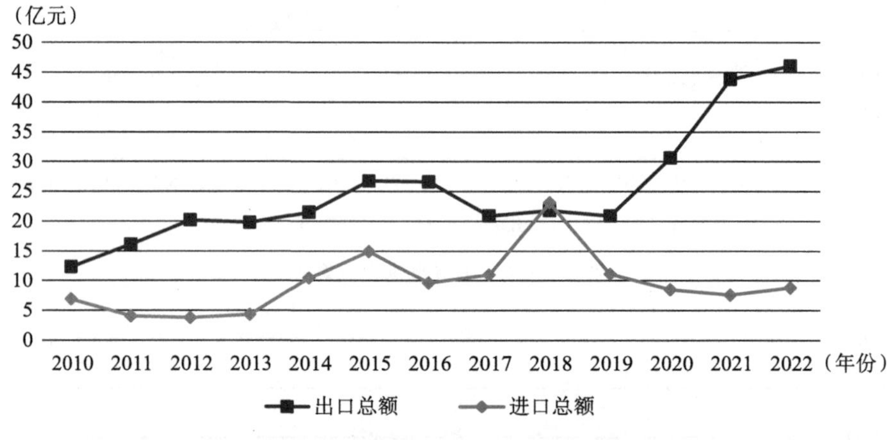

附图3-7　张家口市进出口总额数据

在依存度方面：2010—2013年外贸依存度上下波动不大，2013—2015年呈现稳步增长趋势，2015—2017年呈现下降趋势，2018年急剧增长，但2019年急剧下降，2022年呈现稳步上升趋势。2010—2015年出口依存度呈现缓慢上升趋势，2015—2017年呈现下降趋势，2018—2019年水平发展，2019—2022年呈现上升趋势。

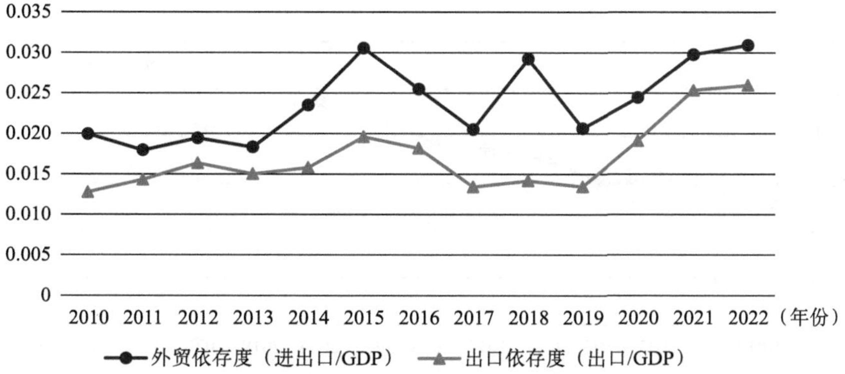

附图 3－8 张家口市依存度数据

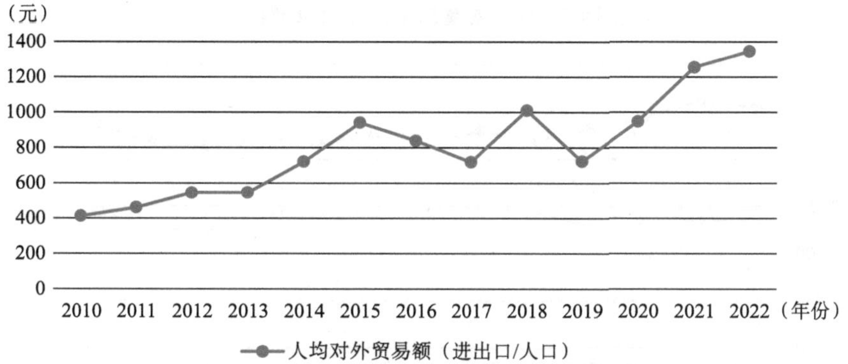

附图 3－9 张家口市人均对外贸易额数据

在人均对外贸易额方面：2010—2015 年呈现上升趋势，2015—2019 年上下波动十分大，2019—2022 年呈现上升趋势。总体来说，出口总额一直大于进口总额，常年处于贸易顺差状态，外贸依存度远大于出口依存度，人均对外贸易额低但呈现增长趋势，张家口市的对外贸易发展水平较低，但总体仍呈现向高质量发展的积极趋势。

四、秦皇岛市

由附图 3－10 至附图 3－12 数据可知，在进出口总额方面：2010—2018 年出口总额一直呈现上升趋势，2017—2020 年有所下降但趋势不大，2020—2022 年又呈现增长趋势。2010—2014 年中，进口总额呈现先上升再下降的趋势，2014—2016 年平稳发展呈现水平发展趋势，2016—2022 年呈现上升趋势。

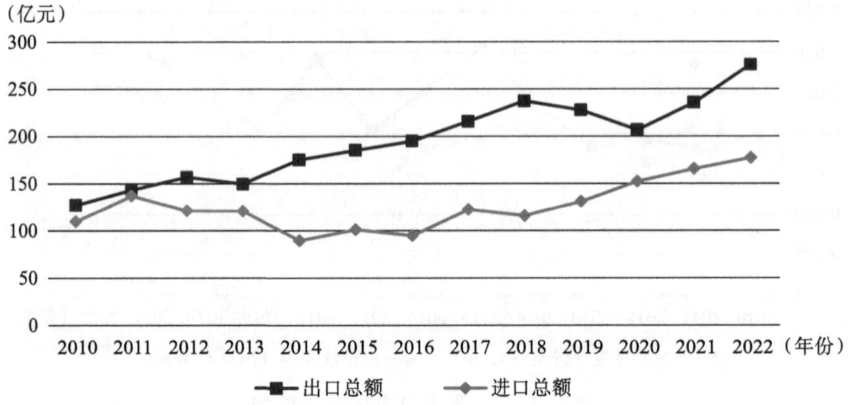

附图 3－10　秦皇岛市进出口总额数据

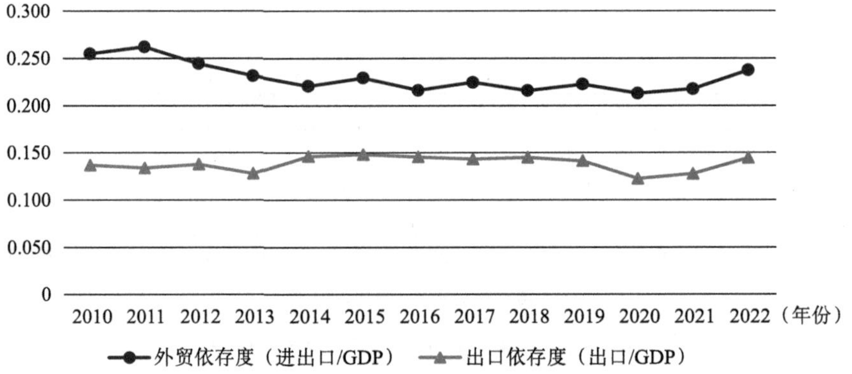

附图 3－11　秦皇岛市依存度数据

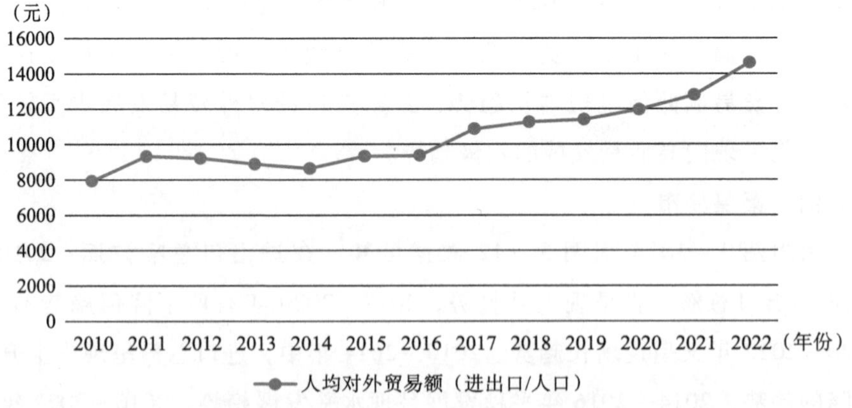

附图 3－12　秦皇岛市人均对外贸易额数据

在依存度方面：2010—2022 年外贸依存度总体呈现缓慢下降趋势，出口依存度方面总体呈现水平发展趋势，上下波动幅度不大，比较稳定。

在人均对外贸易额方面：2010—2022 年总体呈现缓慢上升趋势。总体来说，出口总额一直大于进口总额，常年处于贸易顺差状态，外贸依存度远大于出口依存度，人均对外贸易额总体也呈现增长趋势，秦皇岛市的对外贸易呈现高质量发展趋势。

五、唐山市

由附图 3－13 至附图 3－15 数据可知，在进出口总额方面：2010—2014 年出口总额呈现稳定上升趋势，2015—2019 年呈现下降趋势，2019—2022 年呈现上升趋势。2010—2014 年进口总额呈现先缓慢下降再上升趋势，2014—2018 年呈现先下降趋势再水平发展，2018—2021 年呈现大幅度上升趋势，2022 年急剧下降。

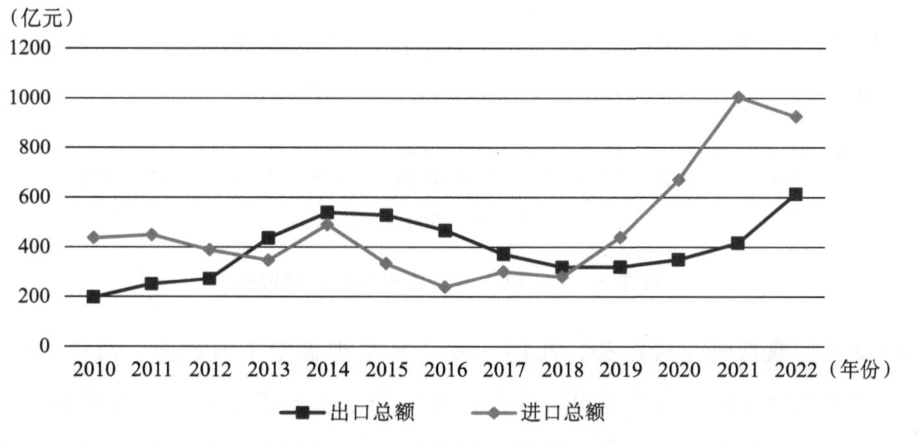

附图 3－13 唐山市进出口总额数据

在依存度方面：2010—2014 年外贸依存度呈现先下降再上升的趋势，2014—2018 年呈现大幅度下降趋势，2018—2022 年呈现大幅度上升趋势。2010—2015 年，出口依存度总体呈现先水平发展再上升的趋势，2015—2021 年呈现缓慢下降趋势，2022 年呈现上升趋势。

在人均对外贸易额方面：2010—2014 年呈现缓慢上升趋势，2014—

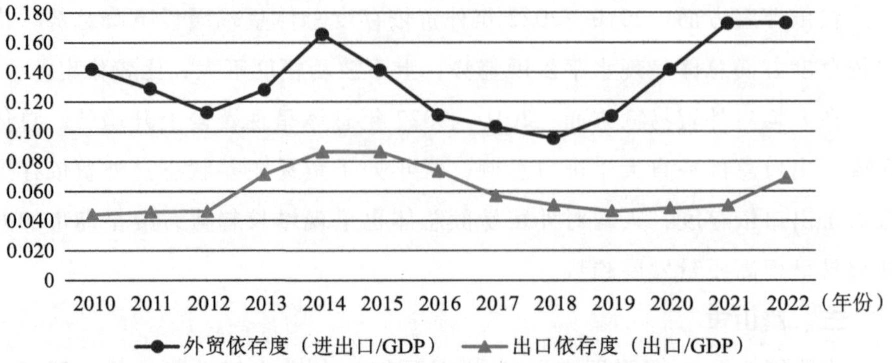

附图 3 - 14　唐山市依存度数据

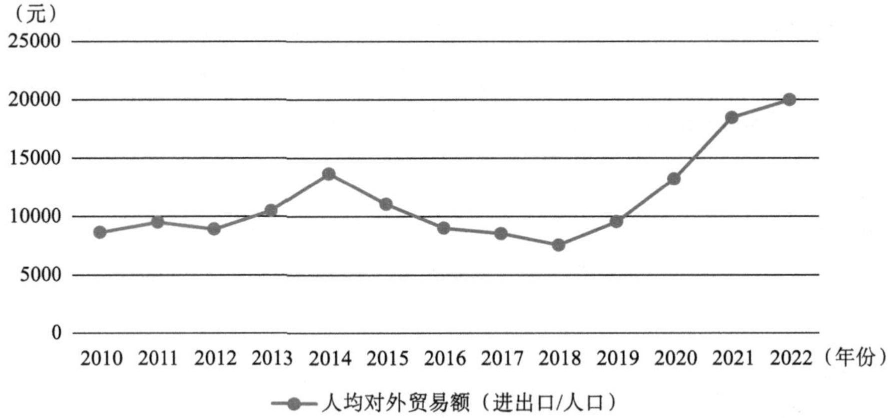

附图 3 - 15　唐山市人均对外贸易额数据

2018 年呈现缓慢下降趋势，2018—2022 年呈现稳定上升趋势。总体来说，近年来进口总额一直大于出口总额，常年处于贸易逆差状态，外贸依存度远大于出口依存度，人均对外贸易额总体也呈现增长趋势，唐山市的对外贸易总体呈现高质量发展趋势，但仍需要改善贸易逆差状态。

六、廊坊市

由附图 3 - 16 至附图 3 - 18 数据可知，在进出口总额方面：2010—2016 年总体呈现缓慢上升再下降的趋势，2016—2021 年呈现稳定上升趋势，但 2022 年急剧下降。2010—2018 年，出口总额总体呈现先下降再稳定上升的趋势，2018—2019 年急剧下降，2019—2022 年呈现大幅度上升趋势。

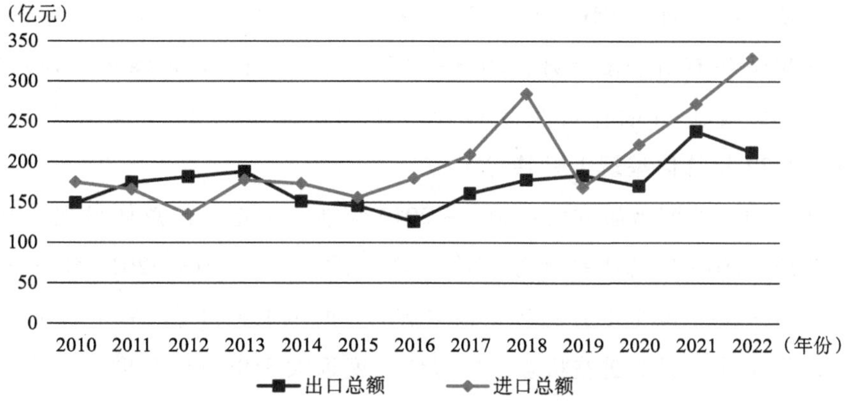

附图 3－16　廊坊市进出口总额数据

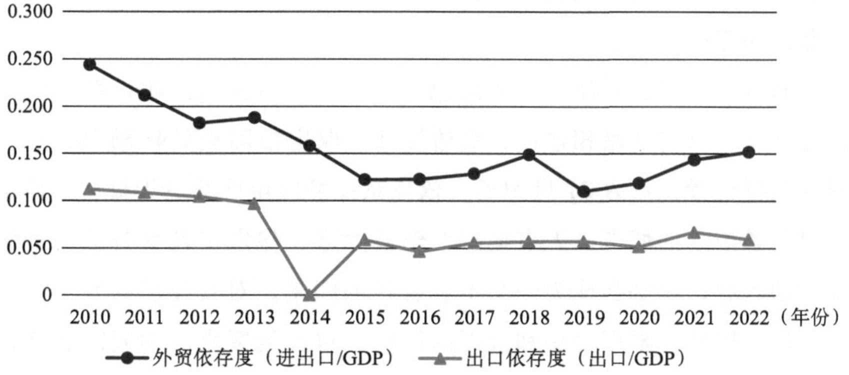

附图 3－17　廊坊市依存度数据

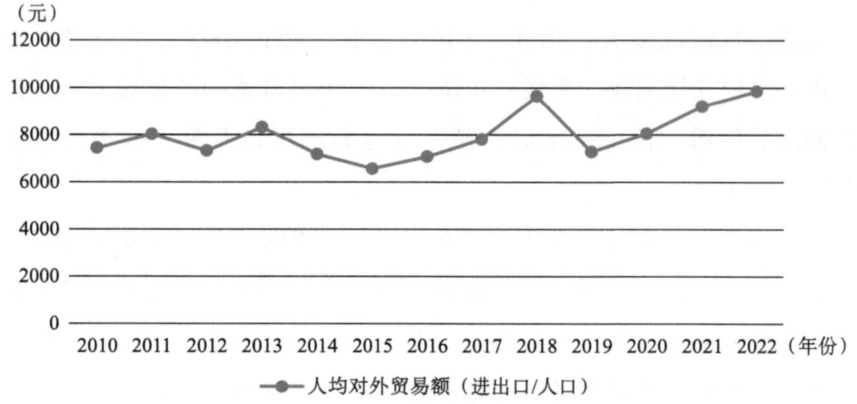

附图 3－18　廊坊市人均对外贸易额数据

在依存度方面：2010—2015 年外贸依存度总体呈现大幅度下降趋势，2015—2018 年有所缓慢上升，2018—2022 年呈现先下降再稳步上升趋势。2010—2013 年出口依存度呈现缓慢下降趋势，但到 2014 年急剧下降，2014—2022 年总体呈现上升趋势。

在人均对外贸易额方面：2010—2013 年波动不定，但总体呈现上升趋势，2013—2018 年总体呈现先下降再增长的趋势，2018—2019 年急剧下降，2019—2022 年呈上升趋势。总体来说，近年来进口总额一直大于出口总额，常年处于贸易逆差状态，外贸依存度远大于出口依存度，人均对外贸易额总体也呈现增长趋势，廊坊市的对外贸易总体呈现高质量发展趋势，但仍需要改善贸易逆差状态。

七、保定市

河北省保定市被京津和渤海湾包围，南部与石家庄接壤，西面依太行山，与京深、京广铁路相连接，交通便利。保定市因地处环渤海、京津经济圈的独特位置，进入 21 世纪后，依托京津的区位优势更为显著。保定市作为河北省最大的城市，人多地广，辖县数多，保定市及其各县的地域差别和变动趋势，势必会成为一个不容忽视的因素，对其经济的发展起到一定的作用。因此，根据效率和公平的原则，对各地区之间的差距和变化进行分析，协调各地区之间的经济发展，对于促进保定市的整体经济增长和发展，都是十分必要的。

从进出口情况来看：2011—2016 年，保定市的出口总额呈现下降趋势，进口总额变化则较为平缓；2016—2022 年出口总额波浪式上升，但出口总额发展停滞。保定市出口总额一直远高于进口总额，处于顺差地位（见附图 3 – 19）。

从贸易依存度来看：2011—2016 年，保定市的贸易依存度下降趋势明显，这与进出口总额的减少有着密不可分的关系，2016 年之后，贸易依存度有了缓慢回升，但全市的贸易依存度仍然较低，这说明保定市对外贸易的依赖程度较低，出口商品国际竞争力不高（见附图 3 – 20）。

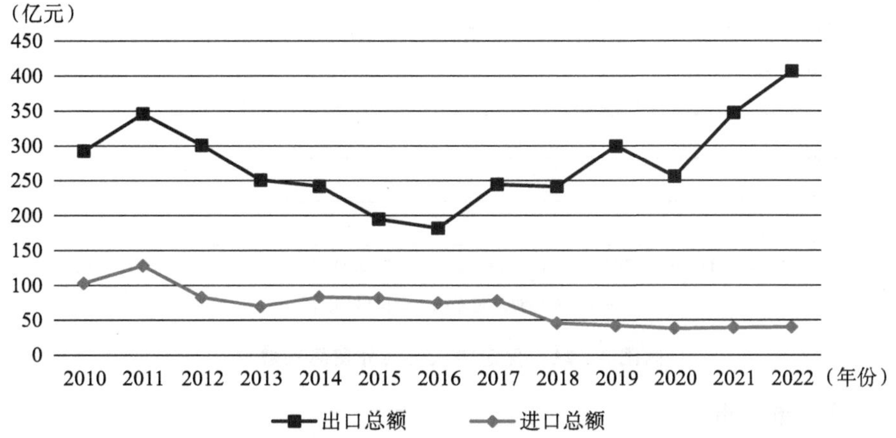

附图 3－19 保定市进出口总额数据

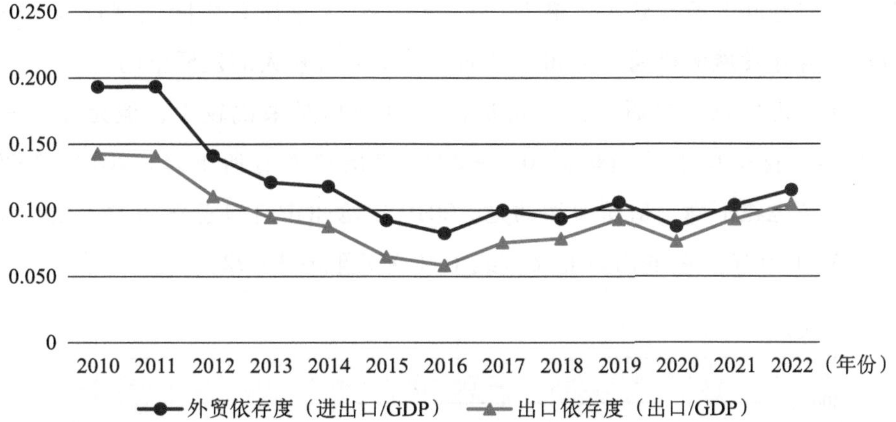

附图 3－20 保定市依存度数据

从人均贸易额来看：保定市的人均贸易额在3000—4000元内浮动，这与省内其他省市（如唐山、石家庄、廊坊）相比处于较低水平，主要是因为保定市人口众多，并且中心城区的高速发展并未带动周边城区的发展。这是未来城市发展必须要重视的一项问题（见附图 3－21）。

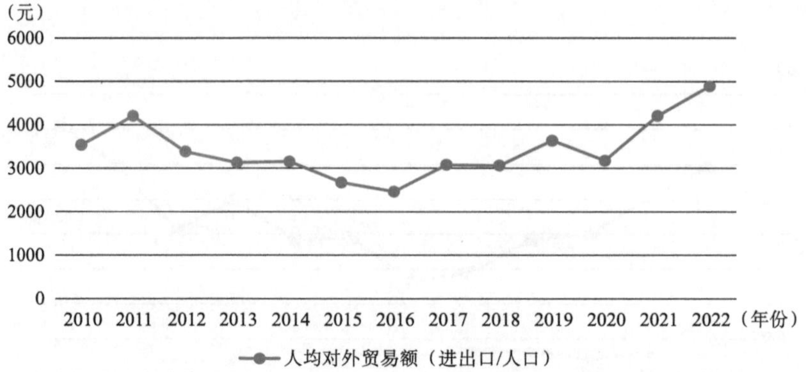

附图 3-21　保定市人均对外贸易额数据

八、沧州市

沧州市东邻渤海，紧依北京、天津，作为沿海城市，其外向型经济发展取得了一些成绩，但是仍与唐山、石家庄等市存在一定的差距，其发展仍存在一些问题亟待解决。借着“一带一路”、京津冀协同发展以及环渤海经济合作发展的机遇，沧州市外向型经济仍有较大的发展空间。

从进出口总额来看：沧州市进出口总额相对来说较少，但是2010—2018年一直呈现上升趋势，2018—2020年出口额有所下降，2019—2020年进口额也在下降。值得关注的是，2019年沧州市进口总额超过了出口总额，而2020年之后的出口额又直线上升（见附图3-22）。

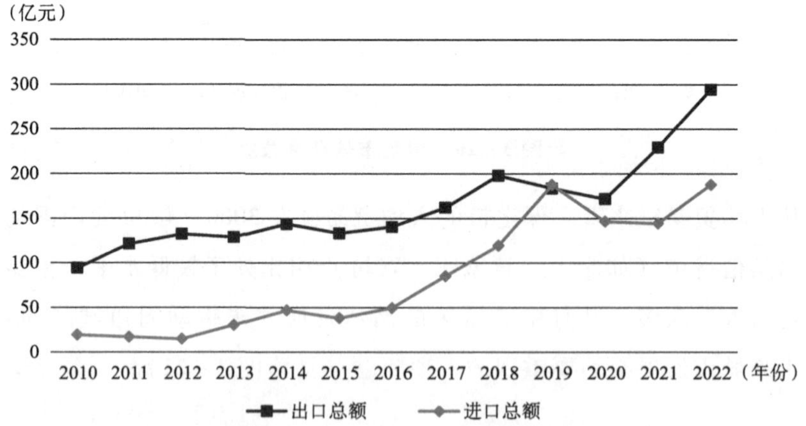

附图 3-22　沧州市进出口总额数据

从贸易依存度的情况来看：沧州市的外贸依存度较低，2010—2017 年一直稳定在 4%—6%，2017—2019 年外贸依存度迅猛上升，虽然 2020 年下降，但之后又呈现了上升态势，这表明沧州市在出口商品方面采取了积极的态度，提升了城市出口商品的国际竞争力（见附图 3－23）。

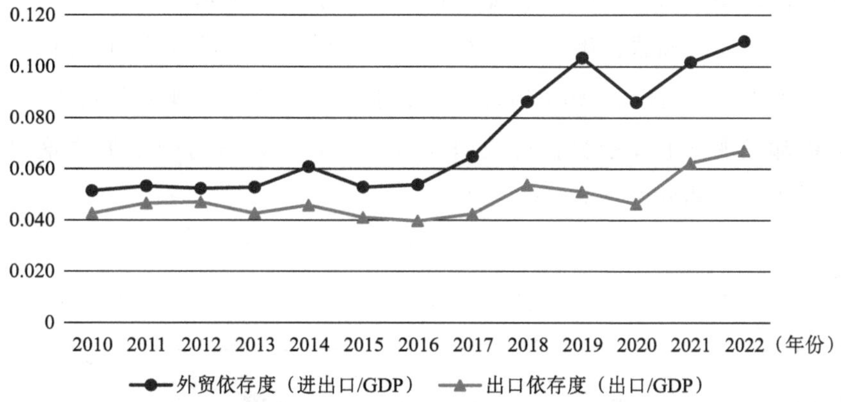

附图 3－23 沧州市依存度数据

从人均对外贸易额来看：除了 2014 年和 2019 年的人均贸易额下降了，沧州市的人均贸易额直观地呈现上升的趋势，在这一时期，沧州市的人口也在稳定上升，说明沧州市的对外贸易额在不断地上升，因此人均贸易额才能稳步上升（见附图 3－24）。

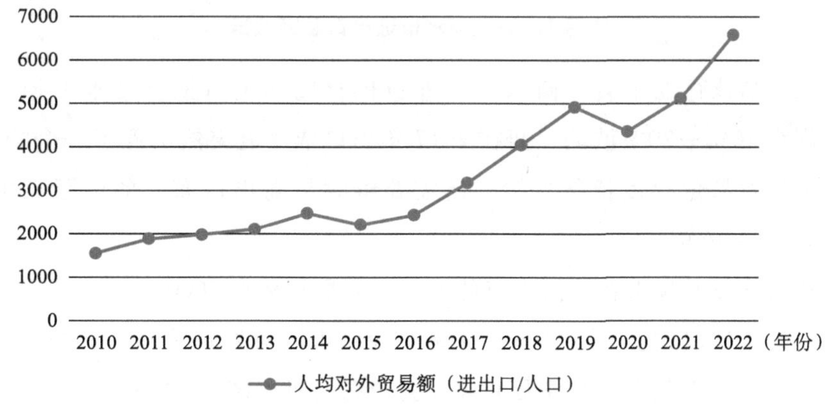

附图 3－24 沧州市人均对外贸易额数据

九、衡水市

衡水市地处华北平原的黑龙港流域，立于河北省东南部，东与山东德州毗邻，省内与邢台、石家庄、保定、沧州接壤，衡水市是河北省最年轻的地级市，建市多年来衡水市的经济有一定的发展，但是从全国来看发展速度太慢，导致衡水人民的生活水平一直没有明显的提高。

从进出口总额看：衡水市的出口总额明显要高于进口总额，而且从附图3-25中可以看出，2015年之后，衡水市出口总额呈现上升趋势，而进口总额却呈现了下降趋势，这说明了衡水市在对外贸易中更加注重出口，进口只占一小部分份额。

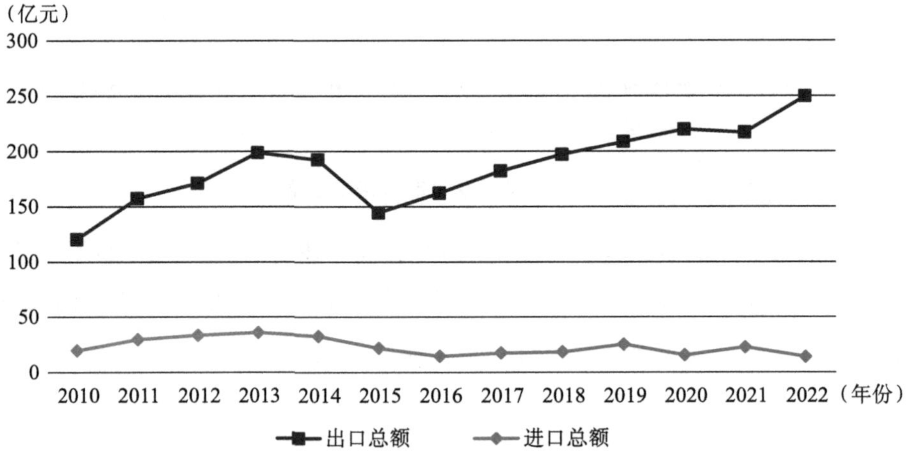

附图3-25 衡水市进出口总额数据

从贸易依存度来看：衡水市的外贸依存度和出口依存度水平相差无几，都在10%—20%波动，而在2017年出口依存度突然出现了一个峰值。衡水市的贸易依存度依然较少，还需要继续提高出口商品的国际竞争力（见附图3-26）。

从人均贸易额来看：衡水市的人均对外贸易额在3000—6000元，数额较高，呈现波浪式上升的趋势，这说明衡水市的对外贸易额一直处于一个较高的水平，因此人均对外贸易额也会较高（见附图3-27）。

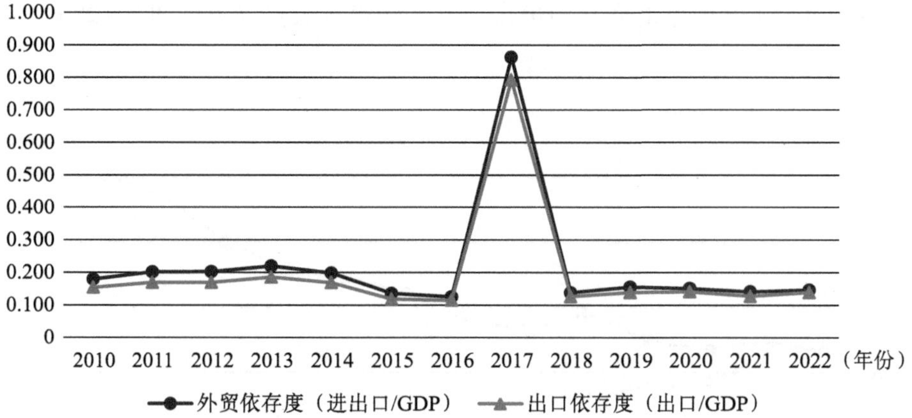

附图 3－26 衡水市依存度数据

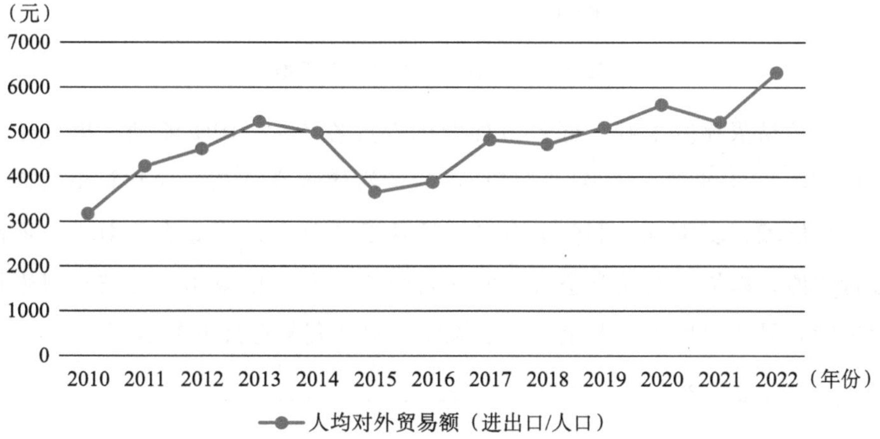

附图 3－27 衡水市人均对外贸易额数据

十、邢台市

邢台市地处环渤海经济区腹地，北邻石家庄，距北京 396 千米；南邻邯郸，与郑州距离较短；西倚太行山与山西省毗邻；东近黄骅港、天津港。邢台市位于冀晋鲁豫四省要冲，境内京广、京九铁路纵贯南北，与京深、青银、邢临高速形成交叉，已成为连接东部沿海地区、华北地区和中原地区的重要交通枢纽。

从进出口总额来看：邢台市进出口总额呈现叉形发展趋势，出口总额不断攀升，而进口总额不断下滑，这说明邢台市在对外贸易中更加注重商品的出口，不断收紧对商品的进口，以达到贸易顺差（见附图 3 - 28）。

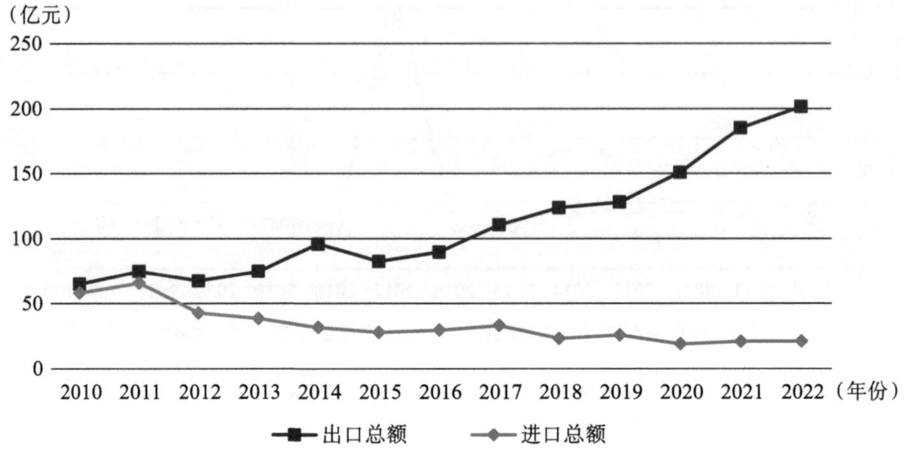

附图 3 - 28　邢台市进出口总额数据

从贸易依存度来看：邢台市外贸依存度在 6%—10% 波动，出口依存度在 4%—8% 波动，这说明了邢台市的贸易依赖度不高，尤其是出口商品的贸易依赖程度更低，邢台市出口商品缺乏竞争力，因此需要对出口商品进行赋值，以提升商品竞争力，但从附图 3 - 29 可以看出，近三年以来邢台市的贸易依存度在不断上升，这说明其对外贸易已经开始有了改变。

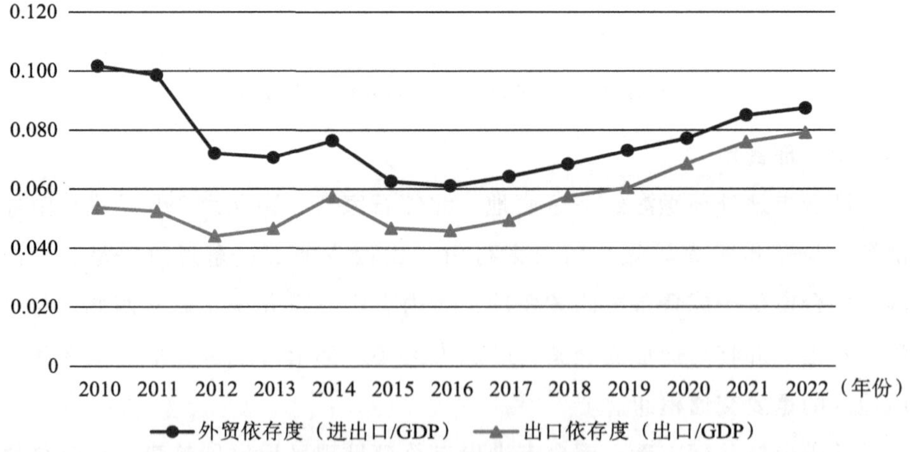

附图 3 - 29　邢台市依存度数据

从人均对外贸易额来看：邢台市的人均对外贸易额处于一个较低的水平，在1500—3000元波动，这主要是因为邢台市人口规模较大，但对外贸易发展水平不高，因此人均对外贸易额也处在较低水平（见附图3－30）。

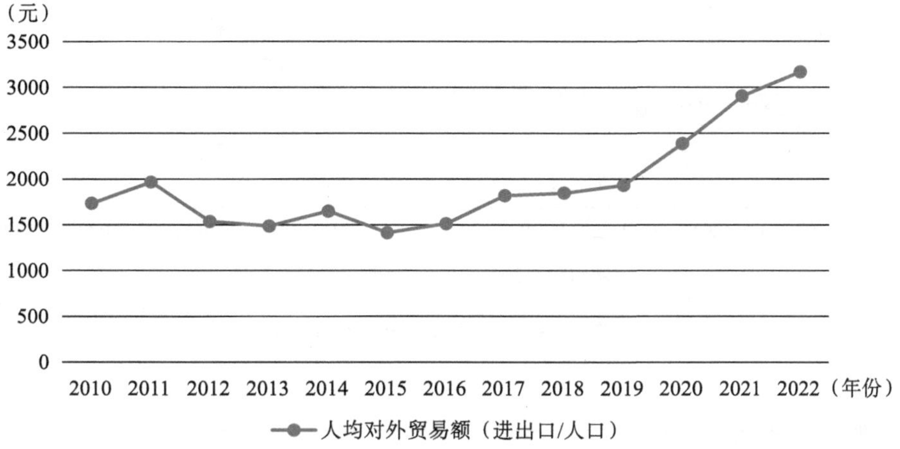

附图3－30 邢台市人均对外贸易额数据

十一、邯郸市

邯郸市作为河北省的重要城市之一，一直以来都承载着重要的经济、政治和文化使命。如今，随着中国经济的快速发展和城市化进程的推进，邯郸市正迎来新的发展机遇。邯郸市是河北省的经济中心之一，拥有多个产业园区和经济开发区，涵盖了诸多行业和领域。制造业是邯郸市的主要支柱产业，在全国乃至全球都具有一定的影响力。此外，商贸、物流和服务业也蓬勃发展，为当地的经济增长提供了强劲动力。

从进出口总额来看：2010—2014年，进口总额超过了出口总额，贸易处在逆差，2014年之后，进口总额下降到出口总额之下，扭转了贸易逆差，贸易开始处于顺差，并且出口总额不断上升（见附图3－31）。

从贸易依存度来看：邯郸市的外贸依存度在4%—9%波动，出口依存度在2%—8%波动，贸易依存度低，这说明邯郸市进出口商品的国际竞争力低，国际地位不高。因此邯郸市要增加对出口商品的创新，提高附加值（见附图3－32）。

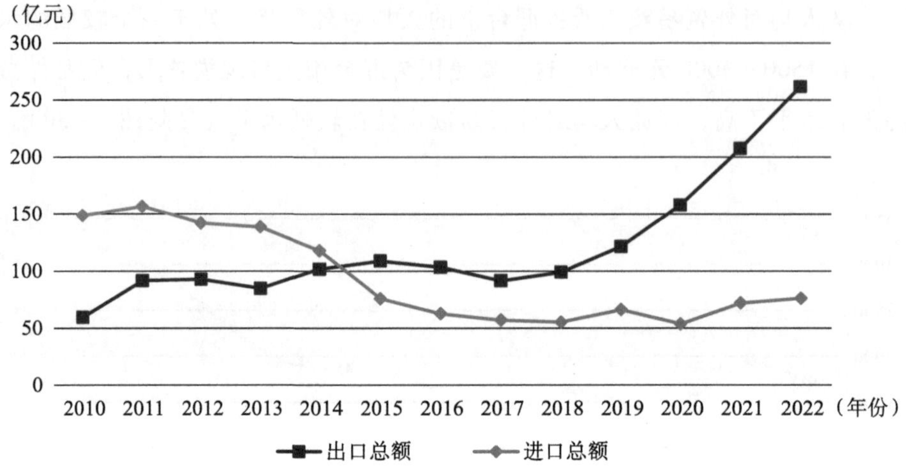

附图 3－31　邯郸市进出口总额数据

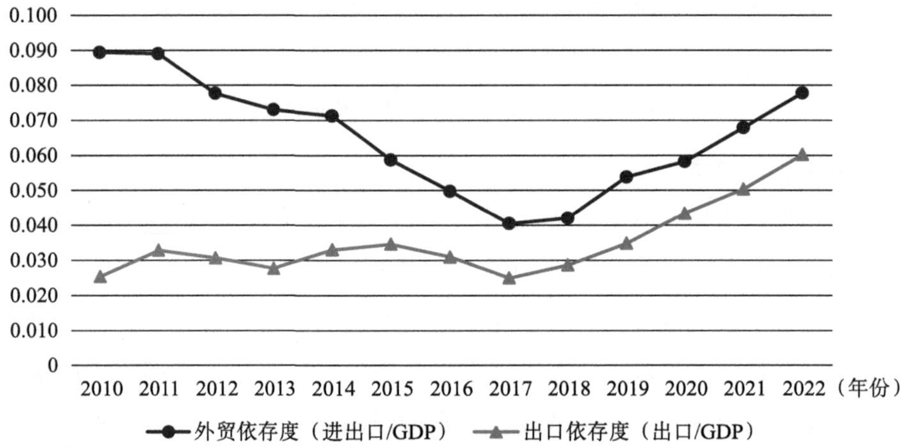

附图 3－32　邯郸市依存度数据

从人均对外贸易额来看：邯郸市人均对外贸易额在 1500—3500 元，这一数值较小，从这些年邯郸市的人口数量来看，其人口增长速度很快，从 2010 年的 256.8 万人增长到 2022 年的 844.4 万人，但人均贸易额从 2018 年却持续上升，这说明不仅人口在增长，全市的对外贸易额也在不断增长（见附图 3－33）。

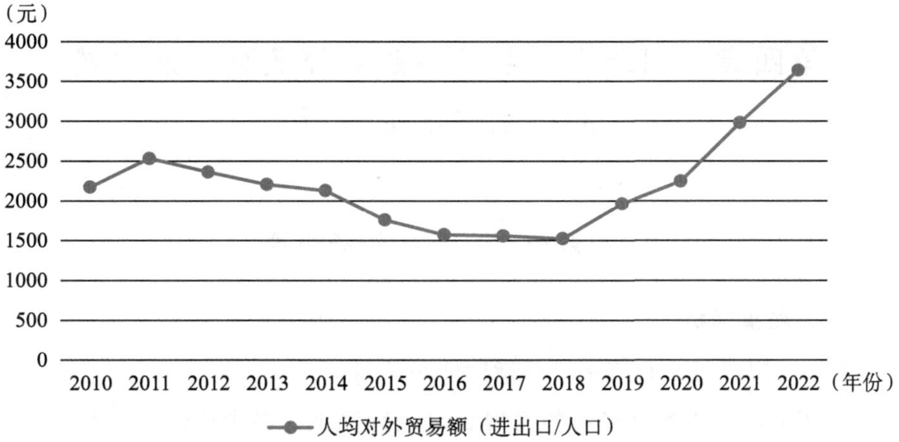

附图 3－33 邯郸市人均对外贸易额数据

第四章　河北省数字经济赋能外贸高质量发展的机制和实证分析

第一节　数字经济测度

一、测量指标

（一）构建河北省数字经济指标体系的目的

为了对河北省数字经济的发展状况进行测度，必须构建一套科学、完备的评估指标体系。所以，必须从整体上考虑河北省数字经济的发展进程。为使评估结果更准确、更合理，本文结合河北省的具体情况，对其进行了全面的评估。

（二）构建河北省数字经济发展指标体系的原则

1. 全面性

目前，河北省的数字经济是一个全方位、多层面的发展，涉及生产、生活的各个方面。构建一个完善的河北省数字经济发展指标体系，既是对现阶段已经取得的成果的反映，也是未来河北省数字经济发展的一个方向，所以建立的数字经济评价指标体系必须要全面，才能使测算出的结果准确反映河北省数字经济发展的情况。

2. 逻辑性

在对数字经济进行评估时，应遵循层次分明、逻辑分明的原则。针对不同的发展需要、不同的发展行业，在进行建设时应注意其层次。在构建该指数体系时，应注意各指数间的相关性，这样所得到的数据就可以最大限度地反映河北省数字经济的发展状况。

3. 科学性

数字经济发展过程中涉及的指标方面较广，为了使获取的指标科学有效，选取的指标应以定量指标为好。除此之外，构建的指标体系范围还要尽可能地大，来保证得到的测算结果准确可靠地衡量河北省的数字经济发展水平。

4. 可获得性

构建指标评价体系时，除了要保证体系的科学有效，还要考虑现实操作难度以及数据的获取难度。因此，在构建河北省数字经济指标体系时，易检索、易查找的数据是首要选择。

5. 时效性

构建数字经济指标体系时，一是要保证所用到的数据真实可靠；二是要保证数据的时效性。因此，在构建河北省数字经济指标体系时，选用河北省 2011—2021 年的数据，确保研究是有意义的、不过时的。

基于现有文献对基本内涵的界定，并借鉴前人评价的指标体系，遵循科学性、可比性、系统性、层次性、可操作性的原则，本文以电信基础设施建设、信息技术产业发展、企业电子化水平与社会创新能力四个维度，选取 6 个具体的评价指标构建河北省数字经济水平评价指标体系（见附表 4 –1）。同时，选取河北省 11 个地级市作为样本，建立面板数据库，运用熵值法测量河北省数字经济指数。原始数据来源于《河北省统计年鉴》、河北省各地级市统计年鉴，部分指标值依据二次计算得到，个别年份的个别数据有所缺失，通过插值法予以处理。

附表 4 –1　　河北省数字经济发展水平衡量指标

目标层	准则层	指标层	指标含义	单位
河北省数字经济发展水平	电信基础设施建设	固定互联网普及率	国际互联网用户数	户/百人
		电信业务指数	电信业务总量/总人口	万元/人
		移动电话普及率	移动电话使用人数	户/百人
	信息技术产业发展	信息传输、计算机服务和软件业从业人员占比	信息传播/计算机服务和软件业从业人员/总人口	%
	社会创新能力	R&D 经费占 GDP 比例	R&D 经费/GDP	%
		每万人专利申请量	专利申请量/城市总人口	件

二、测量方法——熵值法

已有研究探索了熵值法在综合水平测量与评价中的应用，本文采取此方法测度河北省的数字经济指数。此次评价所涉及指标均为正向，因此无须进行非负化处理。按照熵值法对数据处理，计算各指标权重，测度样本综合指数：

$$\begin{cases} Y_{it} = \sum_{j=1}^{n} W_j \times x'_{ij} \\ i = 1,2,\cdots,11;\ j = 1,2,\cdots,6; \\ t = 2011,2012,\cdots,2021 \end{cases}$$

其中，Y_{it}为河北省数字经济指数，x'_{ij}为标准化值，W_j为指标权重，t代表年份，j代表指标，i代表样本城市。综合指数越大，表明样本数字化水平越高，反之则越低。

第二节 理论分析

一、数字经济发展赋能对外贸易高质量发展的直接效应

在信息技术飞速发展的背景下，数字经济已成为促进经济增长与国际贸易发展的主要动力，其在促进贸易便利化、提高贸易效率和效益、促进贸易创新和升级、促进贸易可持续发展等方面发挥着重要的作用。

在促进贸易便利化方面，贸易过程的数字化和跨境电商平台使得贸易流转的过程更加顺畅，而数字化的海关认证与通关模式则加速了贸易的进程，数字经济提高了贸易的便利程度，促进了贸易效率；从提高贸易效率和效益来看，数字经济为企业带来了更多的市场机遇与商业协作方式，借助数字技术与网络平台，企业能够更容易地找到潜在的顾客与合作伙伴，并扩大其市场规模，随着数字经济的发展，供应链也在不断地向数字化、智能化方向发展，利用物联网、大数据、人工智能等科技手段，对供应链进行有效的管理，对供应、生产、销售等各个环节进行优化；在促进贸易创新和升级方面，数字经济提供了跨境电子商务、在线市场和数字化平台等新的贸易模式，通过电子商务和在线市场，企业可以直接与消费者或其他企业进行交易，数字经济带来了新的贸易产品和服务，通过数字技术的应用，企业可以开发和提供更具创新性和差异化的贸易产品和服务；在贸易可持续发展方面，数字经济驱动着经济发展方式的绿色转变，它的运用

能够有效地提高资源的使用效率，节省能源，减少生产和贸易中的碳排放量。借助智能制造、物联网、大数据分析等技术，公司能够对生产流程进行智能化的优化，从而降低资源的浪费和对环境的污染。数字化的商务活动和电子商务的发展，使传统贸易中的物流和纸质单据的消耗量大大降低，从而达到了节省资源的目的。

基于上述分析，提出研究假设 H1。

假设 H1：数字经济水平的提升能推动地区对外贸易高质量发展。

二、数字经济赋能对外贸易高质量发展的传导机制

（一）人力资本效应

人力资本是指劳动者所拥有的资本，包括劳动者的知识技能、文化程度和健康状况等。人力资本的投入，主要包括教育方面的开支、卫生保健方面的开支、劳动力国内流动方面的开支以及移民入境的开支。

当社会经济发展进入高质量发展的时期后，我国的经济增长动力逐渐从要素驱动转向了创新驱动，而人力资本的积累则是推动创新成果产生和加速成果转化的重要因素。首先，提高企业的人力资本，可以促进企业自主创新能力与水平的提高。由于数字化技术的普及，制造业中大量的低端劳动力被机械设备取代，使得生产流程向模块化、流程化方向发展。在这一过程中，劳动力的教育水平将会进一步提升，从而推动企业的人力资本结构的优化和调整。高素质的劳动者所具有的个体知识和技能较高，其开展数字技术创新活动的成功率也相对较高，创新成果的产出也相对较多。

此外，随着数字经济的迅猛发展，我国对外贸易中人力资本投入的不断增加，也将对我国外贸行业的劳动力构成产生深远的影响，从而促进我国外贸的高质量发展。在此基础上，通过加大人力资本投入力度，加深对数字经济内涵的认识与运用，有助于促进数字经济红利的释放。与此同时，作为数字经济的基础，互联网、云计算等数字技术也在持续发展完善，这就要求劳动者通过持续学习和训练来提升自身的人力资本积累，从而实现对外贸易高质量发展和数字经济的融合发展。因此，随着人力资本投入规模的增加和人力资本的积累，数字经济将更多地渗入新兴行业，进而促进我国外贸的高质量发展。基于此，提出假设 H2。

假设 H2：数字经济能够通过促进人力资本升级影响外贸高质量发展。

（二）产业升级效应

数字经济发展能够催生新产业、新业态，促进传统产业改造升级，进而推动产业结构升级。产业结构升级会使资源由低附加值产业流向高附加值产业，从而使资源分配更加合理，资源生产率也得到提升，这显然会促进经济增长。

在数字产业化背景下，数据已经成为一种新的生产资源和生产要素，加速创新成果的转化、创新技术的产业化和市场化进程，提升工业的效率和效益，推动产业结构的优化。在产业数字化的视角下，数字经济和传统产业的结合，加速了传统产业的效率、质量和动力的变化，同时也促进产业基础高级化和产业链现代化，从而推动了产业结构的高级化。另外，产业结构升级还可以提升资源配置的效率，加速社会技术创新和产业升级，推动实体经济部门向智能化、信息化和数字化转变，为数字经济的发展创造了充足的数据要素供应和应用市场，因此，数字经济有了更大的发展空间和更好的发展环境。

一方面，产业结构的升级显著提升了对外贸易的高质量发展。当产业结构朝着更高附加值和技术密集方向转变时，这将意味着该产品的国际市场需求会随之增加，从而为外贸增长提供新的动力。此外，产业结构升级还有助于实现从传统劳动密集型产业向资本和技术密集型产业的转型，促进对外贸易的可持续健康发展。另一方面，产业结构的优化升级是在数字技术创新支持下的知识密集型产业及服务业比重的提升。这种升级有助于扩大知识和技术密集型产品的出口份额，从而增强产品在全球价值链中的竞争力。这样做不仅能够促进国内资源的合理配置和利用，还能促进对外贸易高质量发展。基于此，提出假设 H3。

假设 H3：数字经济能够通过促进产业结构升级影响外贸高质量发展。

第三节　实证分析

一、数字经济指数

依据熵值法原理和公式，运用 Excel 进行相关计算，略去过程，可得到河北省数字经济发展指数（见附表 4 –2）。

附表 4 –2　　2011—2021 年河北省数字经济指数

城市	2011 年	2012 年	2013 年	2014 年	2015 年	2016 年	2017 年	2018 年	2019 年	2020 年	2021 年
石家庄	0. 1416	0. 1215	0. 1322	0. 1264	0. 1433	0. 1622	0. 1938	0. 1953	0. 1803	0. 1762	0. 1694
唐山	0. 1397	0. 1150	0. 1065	0. 0952	0. 1038	0. 1135	0. 1151	0. 1093	0. 1047	0. 1013	0. 1813
秦皇岛	0. 1549	0. 1250	0. 1301	0. 1259	0. 1362	0. 1506	0. 1559	0. 1394	0. 1333	0. 1418	0. 1423
邯郸	0. 0850	0. 0683	0. 0631	0. 0590	0. 0626	0. 0707	0. 0724	0. 0724	0. 0651	0. 0718	0. 0724
邢台	0. 0646	0. 0560	0. 0676	0. 0787	0. 0719	0. 0805	0. 0668	0. 1030	0. 1077	0. 1085	0. 1095
保定	0. 0954	0. 0801	0. 0817	0. 0735	0. 0835	0. 0899	0. 0934	0. 0885	0. 0883	0. 0998	0. 1090
张家口	0. 1022	0. 0911	0. 0819	0. 0815	0. 0888	0. 1020	0. 1090	0. 0981	0. 0972	0. 1010	0. 1022
承德	0. 1001	0. 0889	0. 0960	0. 0817	0. 0874	0. 1045	0. 1152	0. 1195	0. 1018	0. 1128	0. 1155
沧州	0. 0925	0. 0757	0. 0749	0. 0695	0. 0744	0. 0735	0. 0857	0. 0900	0. 0774	0. 1489	0. 1391
廊坊	0. 1520	0. 1245	0. 1585	0. 1581	0. 1707	0. 1876	0. 1614	0. 1411	0. 1380	0. 2321	0. 2416
衡水	0. 0964	0. 0832	0. 0837	0. 0763	0. 0862	0. 0984	0. 0975	0. 1046	0. 0896	0. 1192	0. 1289

二、外贸高质量发展指数

2011—2021 年河北省外贸高质量指数如附表 4 –3 所示。

附表 4 –3　　2011—2021 年河北省外贸高质量指数

城市	2011 年	2012 年	2013 年	2014 年	2015 年	2016 年	2017 年	2018 年	2019 年	2020 年	2021 年
石家庄	0. 3630	0. 3797	0. 3416	0. 3200	0. 3593	0. 3686	0. 3879	0. 3877	0. 3764	0. 3757	0. 3650
唐山	0. 3210	0. 3017	0. 2956	0. 2862	0. 2952	0. 3080	0. 3017	0. 2791	0. 2678	0. 2566	0. 2400
秦皇岛	0. 2598	0. 2440	0. 2413	0. 2233	0. 2340	0. 2302	0. 2191	0. 2135	0. 2079	0. 2023	0. 2467
邯郸	0. 3324	0. 3297	0. 3375	0. 2911	0. 2521	0. 2602	0. 2874	0. 2716	0. 2844	0. 2894	0. 3294
邢台	0. 2367	0. 2095	0. 2068	0. 2135	0. 2118	0. 2208	0. 2370	0. 2569	0. 2656	0. 2710	0. 2783
保定	0. 3027	0. 2755	0. 2740	0. 2843	0. 2795	0. 2716	0. 2842	0. 2779	0. 3035	0. 3036	0. 3348
张家口	0. 0960	0. 0968	0. 0920	0. 1055	0. 1128	0. 1143	0. 1185	0. 1228	0. 1270	0. 1312	0. 1355

续表

城市	2011 年	2012 年	2013 年	2014 年	2015 年	2016 年	2017 年	2018 年	2019 年	2020 年	2021 年
承德	0.0914	0.0914	0.0922	0.1042	0.0980	0.1033	0.1059	0.1085	0.1111	0.1137	0.1063
沧州	0.3371	0.3111	0.3061	0.3046	0.3232	0.3285	0.3572	0.3640	0.3516	0.3822	0.3788
廊坊	0.2535	0.2284	0.2537	0.2469	0.2678	0.2786	0.2465	0.2469	0.2434	0.3079	0.3284
衡水	0.2499	0.2390	0.2205	0.2199	0.2523	0.2625	0.2954	0.2996	0.2968	0.3050	0.3109

第四节 模型设定及变量选择

一、模型设定

为了检验河北省数字经济对对外贸易高质量发展的直接影响，本文构建双向固定效应模型（1）。

$$EXp_{it} = a_0 + a_1 digi_{it} + a_2 control_{it} + u_{it} + v_{it} + e_{it} \tag{1}$$

其中，EXp_{it}代表河北省地级市 i 在时期 t 的对外贸易高质量发展水平，$digi_{it}$代表河北省地级市 i 在时期 t 的数字经济发展水平，$control_{it}$代表影响对外贸易高质量发展的其他因素，a_1 为数字经济对对外贸易高质量发展影响的回归系数，u_{it}表示模型中的地级市固定效应，v_{it}表示模型中的时间固定效应，e_{it}是随机扰动项。

为了研究数字经济对对外贸易高质量发展的传导机制，本书在模型（1）的基础上设定了以下数字经济对不同中介变量的因果关系模型（2）。

$$M_{it} = b_0 + b_1 digi_{it} + b_2 control_{it} + u_{it} + v_{it} + e_{it} \tag{2}$$

其中，M_{it}为中介变量，代表机制变量人力资本效应，产业升级效应。

二、变量选择与数据说明

（1）被解释变量：对外贸易高质量发展指数（exp）。

（2）核心解释变量：数字经济发展指数（digi）。

（3）控制变量：①经济发展水平（lngdp），采用各地级市人均生产总值的对数来衡量；②财政支出水平（lnfex），采用各地级市财政支出的对数来衡量；③科技创新投入水平（lnrd），采用各地级市 R&D 经费来衡量。

考虑到过大数字会对回归系数产生影响，因此对数值较大的控制变量进行对数化处理，以此尽量剔除规模等因素的影响。

（4）机制变量：根据前文的影响机制分析，本研究的机制变量如下。

①人力资本效应（labor），选取采用各地级市的普通高等学校在校学生数占该地区总人口比重来衡量；

②产业升级效应（isu），选取产业高级化指数，即第三产业增加值与第二产业增加值之比来衡量。

（5）描述性统计：上述数据均来自河北省各市 2012—2023 年各年度的统计年鉴、统计公报及各市官网。除可直接获取的数据以外，个别缺失数据采用线性插值法进行填补。上述变量的描述性计如附表 4－4 所示。

附表 4－4　　描述性统计

Variables	(1) 样本量	(2) 平均值	(3) 方差	(4) 最小值	(5) 最大值
exp	121	0.254	0.0823	0.0914	0.388
digi	121	0.110	0.0366	0.0560	0.242
lnrd	121	3.177	0.997	0.993	5.224
lngdp	121	10.59	0.438	7.708	11.58
lnfex	121	6.080	0.437	4.884	7.087
isu	121	0.903	0.290	0.495	1.620
labor	121	0.0185	0.0108	0.00636	0.0499

在进行回归估计前，采用 VIF 方差膨胀因子方法检验变量之间的多重共线性。结果如附表 4－5 所示。各个变量之间 VIF 值均小于 10，平均 VIF 值为 3.32，标明模型的变量之间并没有明显的共线性问题，可以进行后续的回归分析。

附表 4－5　　多重共线性检验

变量	digi	lnrd	lngdp	lnfex	isu	labor	Mean VIF
VIF	3.04	4.47	1.81	5.21	1.92	3.46	3.32

为验证数字经济是否能够促进河北省对外贸易高质量发展，本书选择双向固定效应模型进行评估。回归分析表明（见附表4－6），在引入控制变量前后，数字经济的回归系数分别为0.589和0.506，且均在1%的水平上显著为正，说明数字经济水平的提高有利于促进河北省对外贸易高质量发展。

附表4－6　　　　基准回归

Variables	(1) exp	(2) exp
digi	0.589*** (4.576)	0.506*** (3.883)
lnrd		−0.000 (−0.072)
lngdp		0.009 (0.996)
lnfex		0.052** (2.341)
_cons	0.193*** (12.375)	−0.179 (−1.304)
时间效应	Yes	Yes
个体效应	Yes	Yes
N	121	121
R^2	0.374	0.422
F	5.387	5.000

注：*** $p<0.01$，** $p<0.05$。

三、稳健性检验

为检验基准回归结果的稳健性，确保结论的一致性和稳定性，本文将从以下几个方面进行稳健性检验：（1）替换因变量的衡量方法。本文的对外贸易高质量发展水平是通过熵权法进行测算的，故更改因变量的测算方法，选择用主成分分析法对河北省对外贸易高质量发展水平进行重新估计。(2) 剔除2020年、2021年样本数据。2020年和2021年受新冠疫情的影响，全国多地对外贸易情况均出现明显下降，河北省也不例外。(3) 剔除承德市、唐山市的样本。承德市总体外贸高质量发展指数变化较小、唐山市总体外贸高质量发展指数浮动较大，因此剔除两市数据，缩小样本量，并对河北省其余9个地级市的面板数据重新回归，通过以上检验，观察核心解释变量是否会发生符号以及显著性的变化，以验证是否具有稳健性，结果如附表4-7所示，核心解释变量的符号并未改变且依然显著为正，表明数字经济仍对对外贸易高质量发展水平起着促进作用，基准回归结果仍具有稳健性。

附表4-7　　稳健性检验

Variables	替换被解释变量	剔除2020、2021	剔除承德、唐山
	exp	exp	exp
digi	0.759***	0.911***	0.972***
	(3.883)	(3.560)	(3.416)
lnrd	-0.001	0.001	0.005
	(-0.072)	(0.115)	(0.469)
lngdp	0.014	0.009	0.009
	(0.996)	(0.766)	(0.689)
lnfex	0.078**	0.078**	0.076*
	(2.341)	(2.012)	(1.722)
_cons	-0.268	-0.248	-0.229
	(-1.304)	(-1.169)	(-0.932)
时间效应	Yes	Yes	Yes
个体效应	Yes	Yes	Yes
N	121	99	81
R^2	0.422	0.377	0.408
F	5.000	3.827	3.439

注：*** $p<0.01$，** $p<0.05$，* $p<0.1$。

四、机制分析

基于前文的机理分析，数字经济主要通过产业升级效应、人力资本效应这两条传导途径来影响对外贸易高质量发展水平。附表4－8表明，数字经济对技术创新的回归系数在1%的水平下显著为正，技术创新对外贸高质量发展的回归系数在1%的水平下显著为正，说明数字经济可以通过显著促进技术创新水平，进而提高了河北省对外贸易高质量发展水平。

附表4－8　　　　机制检验1

Variables	(1) exp	(2) isu	(3) exp
digi	0.506***	2.470***	0.309***
	(3.883)	(2.873)	(2.663)
lnrd	−0.000	−0.110**	0.008
	(−0.072)	(−2.423)	(1.365)
lngdp	0.009	0.116*	−0.000
	(0.996)	(1.938)	(−0.026)
lnfex	0.052**	0.457***	0.016
	(2.341)	(3.122)	(0.779)
isu			0.080***
			(6.024)
_cons	−0.179	−3.020***	0.062
	(−1.304)	(−3.340)	(0.500)
时间效应	Yes	Yes	Yes
个体效应	Yes	Yes	Yes
N	121	121	121
R^2	0.422	0.705	0.582
F	5.000	16.356	8.801

注：*** $p<0.01$，** $p<0.05$，* $p<0.1$。

附表4－9表明，数字经济对人力资本效应的回归系数在1%的水平下显著为正，人力资本效应对外贸高质量发展的回归系数在5%的水平下显著为正，说明数字经济可以通过显著促进人力资本效应，进而提高了河北省对外贸易高质量发展水平。

附表 4-9　　机制检验 2

Variables	(1) exp	(2) labor	(3) exp
digi	0.506 *** (3.883)	0.060 *** (4.143)	0.267 ** (2.092)
lnrd	-0.000 (-0.072)	0.001 (0.961)	-0.003 (-0.550)
lngdp	0.009 (0.996)	0.001 (0.673)	0.006 (0.773)
lnfex	0.052 ** (2.341)	0.002 (0.897)	0.043 ** (2.147)
labor			4.008 *** (4.821)
_cons	-0.179 (-1.304)	-0.009 (-0.618)	-0.141 (-1.141)
时间效应	Yes	Yes	Yes
个体效应	Yes	Yes	Yes
N	121	121	121
R^2	0.422	0.521	0.535
F	5.000	7.457	7.298

注：*** $p<0.01$，** $p<0.05$。

第五章　结论

第一节　主要结论

为研究数字经济对对外贸易高质量发展的影响，本文以河北省为例，基于2011—2021年河北省11个地级市的面板数据，利用熵权法对数字经济发展水平和对外贸易高质量发展水平进行测度，实证分析数字经济的提升对对外贸易高质量发展的直接影响、传导机制。研究发现：（1）数字经济显著促进了河北省对外贸易高质量发展，且该结论在经过一系列稳健性检验后仍然成立。（2）数字经济在河北省的经济高质量发展中呈现出区域异质性。由于河北省各地区经济发展水平的差异性，数字经济对不同城市的经济高质量发展产生的推动作用也呈现出不同的效果。（3）影响机制表明，人力资本、产业结构升级是数字经济提升对外贸易高质量发展的传导渠道。这说明数字经济不仅在一定程度直接推动了经济高质量发展，还会通过提高地区人力资本和产业升级来促进经济高质量发展。

第二节　区域发展

基于上述结论，为进一步提升河北省数字经济水平，更好发挥数字经济对对外贸易高质量发展的赋能作用，现提出以下政策建议：

第一，构建现代产业系统，推进数字科技创新，构建数字基础设施。数字经济要实现高质量发展，必须依靠数字基础设施建设、数字产业化、数字产业数字化和数字创新能力建设。要注重构建现代产业系统，发挥数字经济和实体经济的结合优势，推动河北省实现高质量的数字经济发展。河北省应抓住数字经济发展的机遇，创造一个良好的发展环境，加强数字技术的基础设施建设，促进各个地区的数字设施和设备的不断完善，使数字经济的后发优势最大程度地发挥出来，提升市场运作的效率，促进各市区的现代化进程。加大对互联网、数据中心和信息平台的投资力度，建立信息交流平台，打破信息壁垒，拓展邯郸、张家口和邢台等数字化基础较差地区的网络覆盖率，加速缩小“数字鸿沟”，促进不同地域之间的互联互通。要解决河北省在数字技术创新方面存在的不足，要主动激励企业进行研发创新，增加科研经费的投入，加大科技基础设施的建设，为科研工作者搭建一个创新的平台；在此基础上，重点加强数字化人才的培养，加强科研队伍的建设，提升河北省的科技创新水平，促进数字经济的高质量发展。

第二，加强对地区之间数字经济的支持和协调发展。要结合各地的实际情况，加强对数字经济的扶持。石家庄、唐山等区域是数字经济协同发展的排头兵，要通过辐射带动周边区域，将冀中、冀南等地的数字化产业、数字化基础设施有序地转移到冀中、冀北部，推动河北省“数字经济”欠发达区域的迅速发展，进而推动河北省各个区域的数字经济协同发展。河北省应结合各个地区的产业优势和地域特色，不断优化与划分外贸区域布局。例如，河北省廊坊市，可以依托其自身的地理优势，借助京津两省在科技和人才方面的优势，发展高科技工业；秦皇岛立足于沿海，以三个口岸为依托，发展加工贸易、高端装备制造等产业，发展口岸物流业；张家口充分利用当地的生态资源，开发绿色、环境友好的农业产品；石家庄应利用自身良好的经济基础，对传统的外贸企业进行持续的改革与升级，大力发展钢铁、化工、纺织等行业，同时加强装备制造、新能源等新兴外贸行业的发展力度，促进外贸的转型升级。

第三，积极贯彻和落实国家的方针，响应河北省的外贸发展措施，制定外贸发展政策，加强政策的执行力度，使外贸管理体制得到进一步的改善。建立综合的外贸服务平台，提升员工的工作效率，减少外贸企业的投资，方便外贸企业发展，营造一个公平、公正的市场氛围，为推动河北省对外贸易高质量发展提供服务。此外，还需要构建和完善跨境电子商务的示范企业体系，打造功能齐全、服务优质的跨境电商园区，并搭建一个综合性的电商平台。这些举措将为河北省的中小型企业提供进入全球市场的便利条件，让他们能够通过数字渠道便捷地接触到更广阔的消费群体。通过这样的服务，中小企业可以更加高效地拓展海外市场，把握国际商机，从而实现自身的国际化发展目标。

第四，提高外贸整体竞争力，提高产品品质，提高品牌效应。河北省可以对外贸企业进行分类指导，对主要的大型外贸企业采用各种形式进行经营，并在跨区域的合作中，建立具有国际化经营能力、有效配置产业链资源的集团企业，提升其在国际上的影响力。与此同时，河北省还可以对河北省的骨干企业进行持续的创新和发展，吸引更多的专业技术人员，提高其自主研发能力，建立一个科学、合理的产业链和价值链，扩大进出口市场规模。同时，河北省各地要以京津冀一体化发展的优势和雄安的发展为契机，构建数字产业的信息共享机制，促进河北省不同区域间的区块链、大数据、人工智能等技术的相互渗透，促进河北省不同区域间的数字资源的互联互通，从而实现区域间数字经济的协同发展。引入京津两地的创新资源与人才，充分调动和调动员工的积极性，制定相应的激励措施，建立一个统一的质量规范，保证工作的落实，使产品的质量得到提高，企业的监督水平得到提高。强化国外高层次的售后服务系统建设，为公司的发展提供全方位的服务，并为公司的品牌树立良好的口碑，提高其在世界范围内的影响力和知名度。

第三节　研究展望

本文主要研究数字经济的影响因素分析，并未进行时间和空间的演进特征分析，同时，数据选取时间为2011—2021年，时间较短，无法充分反映当下河北省各地级市数字经济发展水平和对外贸易高质量发展水平的最新变化和趋势。在今后的研究，需要不断完善对外贸易高质量发展评价指标体系，并且更深层次地研究河北省数字经济发展水平的时空演变特征以及影响因素。